Bucătăria thailandeză 2023
Delicii picante pentru papilele tale gustative

Ana Popescu

continuturi

Creveți cu sos de litchi	11
Creveți prăjiți cu mandarină	12
Creveți cu mangetout	13
Creveți cu ciuperci chinezești	14
Scurgeți creveții și mazărea	15
Creveți cu chutney de mango	16
Biluțe de creveți prăjite cu sos de ceapă	17
Creveți mandarin cu mazăre	18
Creveți Peking	19
Creveți cu piper	20
Creveți prăjiți cu carne de porc	21
Creveți prăjiți cu sos de sherry	22
Crab de susan prajit	24
Creveți prăjiți în coajă	25
Creveți moi prăjiți	26
Creveți Tempura	26
Sub Guma	27
Creveți cu tofu	28
Creveți cu roșii	29
Creveți cu sos de roșii	30
Creveți cu roșii și sos chili	31
Creveți prăjiți cu sos de roșii	32
Creveți cu legume	33
Creveți cu castane de apă	34
Wontons de creveți	35
Abalone cu pui	36
Abalone cu sparanghel	37
Abalone cu ciuperci	39
Abalone cu sos de stridii	40
midii la abur	40
Midii cu muguri de fasole	41
Midiile cu ghimbir si usturoi	42

Scoici prăjite *43*
Prajituri de crab *44*
Crema pentru cancer *45*
Carne de crab cu frunze chinezești *46*
Crab Foo Yung cu muguri de fasole *47*
Crab cu ghimbir *48*
Crab Lo Mein *49*
Crab prajit cu carne de porc *50*
Carne de crab prajita *51*
Biluțe de calmar prăjite *52*
homar cantonez *53*
Homar prajit *54*
Homar la abur cu șuncă *55*
Homar cu ciuperci *56*
Coada homarului cu carne de porc *57*
Homar braconat *58*
Cuiburi de homar *60*
Midiile in sos de fasole neagra *61*
Midii cu ghimbir *62*
midii la abur *63*
Stridii prăjite *64*
Stridii cu bacon *65*
Stridii prăjite cu ghimbir *66*
Stridii cu sos de fasole neagră *67*
Scoici cu muguri de bambus *68*
Scoici cu ouă *69*
Scoici cu broccoli *70*
Scoici cu ghimbir *71*
Scoici cu șuncă *72*
Scramble de scoici cu ierburi *73*
Înveliți midiile și ceapa *74*
Scoici cu legume *75*
Scoici cu piper *77*
Caracatiță cu muguri de fasole *78*
Calamar prajit *79*
Pachete de caracatiță *80*

Rulada de calmar prajit	81
Calamar prajit	83
Caracatiță cu ciuperci uscate	83
Caracatiță cu legume	84
Carne de vită înăbușită cu anason	85
Carne de vită cu sparanghel	86
Carne de vită cu muguri de bambus	87
Carne de vită cu muguri de bambus și ciuperci	88
Carne de vită înăbușită chinezească	89
Carne de vită cu muguri de fasole	90
Carne de vită cu broccoli	92
Carne de susan cu broccoli	93
Carne de vită la grătar	94
Carne de vită cantoneză	95
Carne de vită cu morcovi	96
Carne de vită cu caju	97
Tocană lentă de vită	98
Carne de vită cu conopidă	99
Carne de vită cu țelină	100
Carne de vită prăjită cu țelină	101
Carne tocată de vită cu pui și țelină	102
Carne de vită chili	103
Varză chinezească de vită	105
Friptură de vită Suey	106
Carne de vită cu castraveți	107
Chow Mein de vită	108
Friptură de castraveți	110
Roast beef curry	111
Abalone marinat	112
Lăstarii de bambus aburiți	114
Pui cu castraveți	115
Susan de pui	116
Lichi cu ghimbir	117
Aripioare de pui fierte roșii	118
Carne de crab cu castraveți	119
Ciuperci murate	120

Ciuperci cu usturoi marinate 121
Creveți și conopidă 122
Bețișoare de șuncă de susan 123
Tofu rece 124
Pui cu bacon 125
Pui și cartofi prăjiți cu banane 126
Pui cu ghimbir si ciuperci 127
Pui și șuncă 129
Ficat de pui la gratar 130
Biluțe de crab cu castane de apă 131
Dim sum 132
Rulouri cu șuncă și pui 133
Cifra de afaceri de șuncă prăjită 135
Pește pseudoafumat 136
Ciupercă umplută 138
Sos de stridii Ciuperci 139
Rulada de porc și salată 140
Chiftele de porc și castane 142
Galuste de porc 143
Friptură de porc și vițel 144
Creveți fluture 145
creveți chinezești 146
Biscuiți cu creveți 147
Creveți crocanți 148
Creveți cu sos de ghimbir 149
Rulouri cu creveți și paste 150
Pâine prăjită cu creveți 152
Wonton de porc și creveți cu sos dulce-acru 153
Baza de pui 155
Varza de fasole si supa de porc 156
Supă de abalone și ciuperci 157
Supă de pui și sparanghel 159
Supa de vită 160
Supă de vită și frunze chinezești 161
Supă de varză 162
Supa picanta de vita 163

Supa cerească 165
Supă de pui și muguri de bambus 166
Supă de pui și porumb 167
Supă de pui și ghimbir 168
Supă de pui cu ciuperci chinezești 169
Supă de pui și orez 170
Supă de pui și nucă de cocos 171
Supă de scoici 172
Supă de ouă 173
Ciodă de crabi și scoici 174
Supă de crabi 176
Ciorba de peste 177
Supă de pește și salată 178
Supă de ghimbir cu găluște 180
Supă fierbinte și acră 181
Supa de ciuperci 182
Supă de ciuperci și varză 183
Supă de picături de ou de ciuperci 184
Ciorba de castane cu ciuperci si apa.. 185
Supă de porc și ciuperci... 186
Ciorba de porc si nasturel 187
Supă de porc și castraveți 188
Supă cu bile de porc și tăiței 189
Supă de spanac și tofu 190
Supă cu porumb dulce și crab... 191
Supă de Szechuan... 192
Supă de tofu 194
Supă de tofu și pește.. 195
Supă de roșii 196
Supă de roșii-spanac... 197
Supă de morcovi 198
Supa de legume 199
Supă vegetariană 200
Supa de nasturel 201
Pește prăjit cu legume.. 202
Pește întreg prăjit 204

Pește de soia la abur 205
Pește de soia cu sos de stridii 206
Bas aburit 208
Pește la abur cu ciuperci 209
Pește dulce și acru 211
Pește umplut cu carne de porc 213
Crap picant la abur 215
Carne de vită cu sos de stridii 217
Carne de vită cu piper 218
Friptura de piper 219

Creveți cu sos de litchi

Server 4

ceașcă simplă de 50 g/2 oz/¬Ω (universală)

Făină

2,5 ml/¬Ω linguriță de sare

1 ou, batut usor

30 ml/2 linguri de apă

450 g/1 lb creveți decojiți

ulei pentru prăjire adâncă

30 ml/2 linguri ulei de arahide.

2 felii de rădăcină de ghimbir, tocate

30 ml/2 linguri de otet de vin

5 ml/1 lingurita de zahar

2,5 ml/¬Ω linguriță de sare

15 ml/1 lingura sos de soia

Cutie de 200g/7oz de litchi, scurs

Se amestecă făina, sarea, oul și apa până devine spumos, adăugând puțină apă dacă este necesar. Se amestecă cu creveții până se îmbracă bine. Se incinge uleiul si se prajesc crevetii cateva minute pana devin crocante si aurii. Se scurge pe hartie de bucatarie si se aranjeaza pe o farfurie preincalzita. Între timp, încălziți uleiul și prăjiți ghimbirul timp de 1 minut. Se adauga otetul de vin, zaharul, sarea si sosul de soia. Adăugați litchiul și amestecați până când sunt fierbinți și acoperiți cu sos. Se toarnă peste creveți și se servește imediat.

Creveți prăjiți cu mandarină

Server 4

60 ml/4 linguri ulei de arahide.
1 cățel de usturoi, zdrobit
1 felie radacina de ghimbir, tocata
450 g/1 lb creveți decojiți
30 ml/2 linguri vin de orez sau sherry uscat 30 ml/2 linguri sos de soia
15 ml/1 lingură făină de porumb (amidon de porumb)
45 ml/3 linguri de apă

Încinge uleiul și prăjește usturoiul și ghimbirul până se rumenesc ușor. Adăugați creveții și prăjiți timp de 1 minut. Adăugați vin sau sherry și amestecați bine. Adăugați sosul de soia, mălaiul și apa și prăjiți timp de 2 minute.

Creveți cu mangetout

Server 4

5 ciuperci chinezești uscate

225 g/8 oz muguri de fasole

60 ml/4 linguri ulei de arahide.

5 ml/1 lingurita de sare

2 tulpini de telina, tocate

4 ceapa primavara (ceapa), tocata marunt

2 catei de usturoi, macinati

2 felii de rădăcină de ghimbir, tocate

60 ml/4 linguri de apă

15 ml/1 lingura sos de soia

15 ml/1 lingura vin de orez sau sherry uscat

225 g/8 oz mangetout (mazăre de zăpadă)

225g/8oz creveți curățați

15 ml/1 lingură făină de porumb (amidon de porumb)

Înmuiați ciupercile în apă caldă timp de 30 de minute, apoi filtrați. Aruncați tulpinile și tăiați capacele. Se albesc mugurii de fasole în apă clocotită timp de 5 minute, apoi se scurg bine. Se încălzeşte jumătate din ulei şi se prăjeşte sarea, ţelina, ceapa primăvară şi mugurii de fasole timp de 1 minut, apoi se scot din tigaie. Se încălzeşte uleiul rămas şi se prăjeşte usturoiul şi ghimbirul până se rumenesc uşor. Adăugaţi jumătate din apă, sosul de soia, vinul sau sherry, mangeout şi creveţii, aduceţi la fiert şi fierbeţi timp de 3 minute. Amestecaţi făina de porumb şi apa rămasă până devine o pastă, amestecaţi-o în tigaie şi fierbeţi, amestecând, până se îngroaşă sosul. Puneţi legumele înapoi în tigaie, lăsaţi-le să fiarbă până se încălzesc. Serviţi imediat.

Creveţi cu ciuperci chinezeşti

Server 4

8 ciuperci chinezeşti uscate
45 ml/3 linguri ulei de arahide.
3 felii de rădăcină de ghimbir, tocate
450 g/1 lb creveţi decojiţi
15 ml/1 lingura sos de soia
5 ml/1 lingurita de sare
60 ml/4 linguri suc de peste

Înmuiați ciupercile în apă caldă timp de 30 de minute, apoi filtrați. Aruncați tulpinile și tăiați capacele. Se încălzește jumătate din ulei și se prăjește ușor ghimbirul. Adăugați creveții, sosul de soia și sarea și prăjiți până când sunt acoperiți cu ulei, apoi scoateți din tigaie. Încinge uleiul rămas și prăjește ciupercile până când uleiul le acoperă. Adăugați bulion, aduceți la fierbere, acoperiți și fierbeți timp de 3 minute. Întoarceți creveții în tigaie și amestecați până se încălzesc.

Scurgeți creveții și mazărea

Server 4

450 g/1 lb creveți decojiți
5 ml/1 lingurita ulei de susan
5 ml/1 lingurita de sare
30 ml/2 linguri ulei de arahide.
1 cățel de usturoi, zdrobit
1 felie radacina de ghimbir, tocata
225g/8oz mazăre albă sau congelată, dezghețată
4 ceapa primavara (ceapa), tocata marunt
30 ml/2 linguri de apă

sare piper

Amestecați creveții cu ulei de susan și sare. Încinge uleiul și prăjește usturoiul și ghimbirul timp de 1 minut. Adăugați creveții și prăjiți timp de 2 minute. Adăugați mazărea și prăjiți timp de 1 minut. Se adauga ceapa primavara si apa si se condimenteaza cu sare, piper si poate putin ulei de susan. Înainte de servire, reîncălziți amestecând cu grijă.

Creveți cu chutney de mango

Server 4

12 crabi rege

sare piper

Suc de 1 lămâie

30 ml/2 linguri faina de porumb (amidon de porumb)

1 mango

5 ml/1 linguriță de pudră de muștar

5 ml/1 lingurita de miere

30 ml/2 linguri crema de cocos

30 ml/2 linguri pudră de curry blândă

120 ml/4 fl oz/¬Ω cană bulion de pui

45 ml/3 linguri ulei de arahide.

2 catei de usturoi, tocati

2 cepe primare (ceapa), tocate marunt

1 ceapă de fenicul, tocată

100 g/4 oz chutney de mango

Curăţaţi creveţii, lăsând cozile intacte. Stropiţi cu sare, piper şi suc de lămâie, apoi stropiţi cu jumătate din mălai. Curata mango de coaja, tai pulpa din piatra, apoi tai pulpa. Se amestecă muştarul, mierea, crema de cocos, curry, mălaiul rămas şi bulionul. Se încălzeşte jumătate din ulei şi se prăjeşte în el usturoiul, ceapa primăvară şi feniculul timp de 2 minute. Adăugaţi amestecul de stoc, aduceţi la fierbere şi fierbeţi timp de 1 minut. Adăugaţi cuburi de mango şi chutney şi încălziţi uşor, apoi transferaţi pe o farfurie încălzită. Încinge uleiul rămas şi prăjeşte creveţii timp de 2 minute. Aranjaţi-le deasupra legumelor şi serviţi imediat.

Biluţe de creveţi prăjite cu sos de ceapă

Server 4

3 oua, batute usor

45 ml/3 linguri făină simplă (universală).

sare si piper proaspat macinat

450 g/1 lb creveți decojiți

ulei pentru prăjire adâncă

15 ml/1 lingură ulei de arahide.

2 cepe, tocate

15 ml/1 lingură făină de porumb (amidon de porumb)

30 ml/2 linguri sos de soia

175 ml/6 fl oz/¬ea cană de apă

Se amestecă ouăle, făina, sarea și piperul. Adăugați creveții în aluat. Încinge uleiul și prăjește creveții până se rumenesc. Între timp, încălziți uleiul și prăjiți ceapa timp de 1 minut. Se amestecă celelalte ingrediente până la o pastă, se adaugă ceapa și se fierbe, amestecând, până se îngroașă sosul. Scurgeți creveții și aranjați-i pe o farfurie preîncălzită. Se toarnă peste sos și se servește imediat.

Creveți mandarin cu mazăre

Server 4

60 ml/4 linguri ulei de arahide.

1 catel de usturoi, tocat

1 felie radacina de ghimbir, tocata

450 g/1 lb creveți decojiți

30 ml/2 linguri vin de orez sau sherry uscat

225g/8oz mazăre congelată, decongelată

30 ml/2 linguri sos de soia

15 ml/1 lingură făină de porumb (amidon de porumb)

45 ml/3 linguri de apă

Încinge uleiul și prăjește usturoiul și ghimbirul până se rumenesc ușor. Adăugați creveții și prăjiți timp de 1 minut. Adăugați vin sau sherry și amestecați bine. Adăugați mazărea și prăjiți timp de 5 minute. Adăugați restul ingredientelor și gătiți timp de 2 minute.

Creveți Peking

Server 4

30 ml/2 linguri ulei de arahide.

2 catei de usturoi, macinati

1 felie radacina de ghimbir, tocata marunt

225g/8oz creveți curățați

4 cepe primare (ceapa), taiate felii groase
120 ml/4 fl oz/¬Ω cană bulion de pui
5 ml/1 lingurita de zahar brun
5 ml/1 lingurita sos de soia
5 ml/1 lingurita sos hoisin
5 ml/1 lingurita sos tabasco

Se incinge uleiul cu usturoiul si ghimbirul si se prajesc pana se rumeneste usor usturoiul. Adăugați creveții și prăjiți timp de 1 minut. Adăugați ceapa primăvară și prăjiți timp de 1 minut. Adăugați celelalte ingrediente, aduceți la fierbere, acoperiți și fierbeți timp de 4 minute, amestecând din când în când. Verificați condimentele și adăugați puțin sos tabasco dacă doriți.

Creveți cu piper

Server 4

30 ml/2 linguri ulei de arahide.
1 ardei verde, tocat
450 g/1 lb creveți decojiți
10 ml/2 lingurițe de făină de porumb (amidon de porumb)
60 ml/4 linguri de apă

5 ml/1 lingurita vin de orez sau sherry uscat

2,5 ml/¬Ω linguriță de sare

45 ml/2 linguri pastă de tomate (paste)

Se încălzește uleiul și se prăjește ardeiul timp de 2 minute. Adăugați creveții și pasta de roșii și amestecați bine. Amestecați apa din făina de porumb, vinul sau sherry și sare până când se omogenizează, amestecați în tigaie și fierbeți până când sosul se limpezește și se îngroașă.

Creveți prăjiți cu carne de porc

Server 4

225g/8oz creveți curățați

100 g/4 oz carne de porc slabă, mărunțită

60 ml/4 linguri vin de orez sau sherry uscat

1 albus de ou

45 ml/3 linguri faina de porumb (amidon de porumb)

5 ml/1 lingurita de sare

15 ml/1 lingură apă (opțional)

90 ml/6 linguri ulei de arahide.

45 ml/3 linguri suc de peste

5 ml/1 lingurita ulei de susan

Puneți creveții și carnea de porc în boluri separate. Amestecați 45 ml/3 linguri de vin sau sherry, albuș de ou, 30 ml/2 linguri de făină de porumb și sare într-un aluat liber, adăugând apă dacă este necesar. Împărțiți amestecul între carnea de porc și creveți și amestecați bine pentru a le acoperi uniform. Încinge uleiul și prăjește carnea de porc și creveții până se rumenesc în câteva minute. Scoateți din tigaie și turnați uleiul, cu excepția 15 ml/1 lingură. Adăugați bulionul în tigaie cu vinul sau sherry rămas și făina de porumb. Se aduce la fierbere și se fierbe, amestecând, până se îngroașă sosul. Se toarnă peste creveți și carnea de porc și se servește stropite cu ulei de susan.

Creveți prăjiți cu sos de sherry

Server 4

50 g/2 oz/¬Ω cană făină simplă (universală).
2,5 ml/¬Ω linguriță de sare
1 ou, batut usor
30 ml/2 linguri de apă
450 g/1 lb creveți decojiți

ulei pentru prăjire adâncă

15 ml/1 lingură ulei de arahide.

1 ceapa, tocata marunt

45 ml/3 linguri vin de orez sau sherry uscat

15 ml/1 lingura sos de soia

120 ml/4 fl oz/¬Ω cană suc de pește

10 ml/2 lingurițe de făină de porumb (amidon de porumb)

30 ml/2 linguri de apă

Se amestecă făina, sarea, oul și apa până devine spumos, adăugând puțină apă dacă este necesar. Se amestecă cu creveții până se îmbracă bine. Se incinge uleiul si se prajesc crevetii cateva minute pana devin crocante si aurii. Se scurge pe hartie de bucatarie si se aranjeaza pe o farfurie incalzita. Intre timp se incinge uleiul si se caleste ceapa pana se inmoaie. Adăugați vinul sau sherry, sosul de soia și bulionul, aduceți la fiert și fierbeți timp de 4 minute. Se amestecă făina de porumb și apa până la o pastă, se amestecă în tigaie și se amestecă până când sosul este limpede și se îngroașă. Se toarnă sosul peste creveți și se servește.

Crab de susan prajit

Server 4

450 g/1 lb creveți decojiți
¬Ω albuș de ou
5 ml/1 lingurita sos de soia
5 ml/1 lingurita ulei de susan
50 g/2 oz/¬Ω cană făină de porumb (amidon de porumb)
sare si piper alb proaspat macinat
ulei pentru prăjire adâncă
60 ml/4 linguri de seminte de susan
frunze de salată

Amestecați creveții cu albuș, sos de soia, ulei de susan, mălai, sare și piper. Adăugați puțină apă dacă amestecul este prea gros. Se incinge uleiul si se prajesc crevetii cateva minute pana devin usor aurii. Între timp, prăjiți scurt semințele de susan într-o tigaie uscată până devin maro auriu. Scurgeți creveții și amestecați cu semințele de susan. Serviți pe un pat de salată.

Creveți prăjiți în coajă

Server 4

60 ml/4 linguri ulei de arahide.

750 g/1¬Ω lb creveți fără coajă

3 ceapa primavara (ceapa), tocata marunt

3 felii de rădăcină de ghimbir, tocate

2,5 ml/¬Ω linguriță de sare

15 ml/1 lingura vin de orez sau sherry uscat

120 ml/4 fl oz/¬Ω cană de ketchup de roșii (catsup)

15 ml/1 lingura sos de soia

15 ml/1 lingura de zahar

15 ml/1 lingură făină de porumb (amidon de porumb)

60 ml/4 linguri de apă

Încinge uleiul și prăjește creveții timp de 1 minut dacă sunt fierți sau până când sunt roz dacă nu sunt fierți. Adăugați ceapa primăvară, ghimbirul, sare și vin sau sherry și gătiți timp de 1 minut. Adăugați ketchup-ul de roșii, sosul de soia și zahărul și prăjiți timp de 1 minut. Se amestecă făina de porumb și apa, se amestecă în tigaie și se fierbe până când sosul este limpede și se îngroașă.

Creveți moi prăjiți

Server 4

75 g/3 oz/stivă ¬° cană făină de porumb (amidon de porumb)
1 albus de ou
5 ml/1 lingurita vin de orez sau sherry uscat
sare
350 g/12 oz creveți decojiți
ulei pentru prăjire adâncă

Bateți făina de porumb, albușurile, vinul sau sherry și un praf de sare până se formează vârfuri tari. Înmuiați creveții în aluat până când sunt bine acoperiți. Încinge uleiul la foc mediu și prăjește creveții până se rumenesc în câteva minute. Se scoate uleiul, se incinge pana se incinge, apoi se prajesc din nou crevetii pana devin crocante si rumenesti.

Creveți Tempura

Server 4

450 g/1 lb creveți decojiți

30 ml/2 linguri de făină simplă (universală).

30 ml/2 linguri faina de porumb (amidon de porumb)

30 ml/2 linguri de apă

2 oua, batute

ulei pentru prăjire adâncă

Tăiați creveții în jumătate pe curba interioară și întindeți-i pentru a forma un fluture. Se amestecă făina, mălaiul și apa până devine spumoasă, apoi se adaugă ouăle, se încălzește uleiul și se prăjesc creveții până se rumenesc.

Sub Guma

Server 4

30 ml/2 linguri ulei de arahide.

2 cepe primare (ceapa), tocate marunt

1 cățel de usturoi, zdrobit

1 felie radacina de ghimbir, tocata

100 g/4 oz piept de pui, tăiat fâșii

100 g/4 oz șuncă, tăiată fâșii

100 g/4 oz muguri de bambus, tăiați în fâșii

100 g de castane de apă, tăiate fâșii

225g/8oz creveți curățați

30 ml/2 linguri sos de soia

30 ml/2 linguri vin de orez sau sherry uscat

5 ml/1 lingurita de sare
5 ml/1 lingurita de zahar
5 ml/1 lingurita faina de porumb (amidon de porumb)

Se încălzește uleiul și se prăjește ceapa primăvară, usturoiul și ghimbirul până se rumenesc ușor. Adăugați puiul și prăjiți timp de 1 minut. Adăugați șunca, lăstarii de bambus și castanele de apă și prăjiți timp de 3 minute. Adăugați creveții și prăjiți timp de 1 minut. Adăugați sosul de soia, vinul sau sherry, sarea și zahărul și prăjiți timp de 2 minute. Se amestecă făina de porumb cu puțină apă, se amestecă în tigaie și se fierbe timp de 2 minute, amestecând.

Creveți cu tofu

Server 4

45 ml/3 linguri ulei de arahide.
225 g/8 oz tofu, tăiat cubulețe
1 ceapa primavara (ceapa), tocata marunt
1 cățel de usturoi, zdrobit
15 ml/1 lingura sos de soia
5 ml/1 lingurita de zahar

90 ml/6 linguri suc de peste
225g/8oz creveți curățați
15 ml/1 lingură făină de porumb (amidon de porumb)
45 ml/3 linguri de apă

Se încălzește jumătate din ulei și se prăjește tofu până se rumenește ușor, apoi se scoate din tigaie. Se încălzește uleiul rămas și se prăjește ceapa primăvară și usturoiul până se rumenesc ușor. Adăugați sosul de soia, zahărul și bulionul și aduceți la fiert. Adăugați creveții și amestecați la foc mic timp de 3 minute. Se amestecă făina de porumb și apa până la o pastă, se amestecă în tigaie și se fierbe, amestecând, până se îngroașă sosul. Întoarceți tofu-ul în tigaie și fierbeți ușor până se încălzește.

Creveți cu roșii

Server 4

2 albusuri
30 ml/2 linguri faina de porumb (amidon de porumb)
5 ml/1 lingurita de sare
450 g/1 lb creveți decojiți

ulei pentru prăjire adâncă
30 ml/2 linguri vin de orez sau sherry uscat
225g/8oz roșii, curățate, fără semințe și tăiate cubulețe

Se amestecă albușurile, mălaiul și sarea. Se amestecă creveții până se îmbracă bine. Se incinge uleiul si se prajesc crevetii pana sunt fierti. Se toarnă tot, cu excepția 15 ml/1 lingură de ulei și se reîncălzi. Adăugați vin sau sherry și roșii și aduceți la fierbere. Se amestecă creveții și se reîncălzi rapid înainte de servire.

Creveți cu sos de roșii

Server 4

30 ml/2 linguri ulei de arahide.
1 cățel de usturoi, zdrobit
2 felii de rădăcină de ghimbir, tocate
2,5 ml/¬Ω linguriță de sare
15 ml/1 lingura vin de orez sau sherry uscat
15 ml/1 lingura sos de soia
6 ml/4 linguri ketchup de roșii (catsup)
120 ml/4 fl oz/¬Ω cană suc de pește
350 g/12 oz creveți decojiți
10 ml/2 lingurițe de făină de porumb (amidon de porumb)
30 ml/2 linguri de apă

Încinge uleiul și prăjește usturoiul, ghimbirul și sarea timp de 2 minute. Adăugați vin sau sherry, sos de soia, ketchup de roșii și supă și aduceți la fierbere. Adăugați creveții, acoperiți și fierbeți timp de 2 minute. Amestecați făina de porumb și apa până devine o pastă, amestecați-o în tigaie și fierbeți, amestecând, până când sosul devine transparent și se îngroașă.

Creveți cu roșii și sos chili

Server 4

60 ml/4 linguri ulei de arahide.
15 ml/1 lingură de ghimbir măcinat
15 ml/1 lingură usturoi tocat
15 ml/1 lingură ceapă primăvară tocată
60 ml/4 linguri pasta de tomate (paste)
15 ml/1 lingură sos chili
450 g/1 lb creveți decojiți
15 ml/1 lingură făină de porumb (amidon de porumb)
15 ml/1 lingura de apa

Încinge uleiul și prăjește în el ghimbirul, usturoiul și ceapa primăvară timp de 1 minut. Adăugați pasta de roșii și sosul chili și amestecați bine. Adăugați creveții și prăjiți timp de 2 minute. Amestecați făina de porumb și apa până la omogenizare, amestecați în tigaie și fierbeți până când sosul se îngroașă. Serviți imediat.

Creveți prăjiți cu sos de roșii

Server 4

50 g/2 oz/¬Ω cană făină simplă (universală).

2,5 ml/¬Ω linguriță de sare

1 ou, batut usor

30 ml/2 linguri de apă

450 g/1 lb creveți decojiți

ulei pentru prăjire adâncă

30 ml/2 linguri ulei de arahide.

1 ceapa, tocata marunt

2 felii de rădăcină de ghimbir, tocate

75 ml/5 linguri ketchup de roșii (catsup)

10 ml/2 lingurițe de făină de porumb (amidon de porumb)

30 ml/2 linguri de apă

Se amestecă făina, sarea, oul și apa până devine spumos, adăugând puțină apă dacă este necesar. Se amestecă cu creveții până se îmbracă bine. Se incinge uleiul si se prajesc crevetii cateva minute pana devin crocante si aurii. Scurgeți pe hârtie de bucătărie.

Între timp, încălziți uleiul și prăjiți ceapa și ghimbirul până se înmoaie. Adăugați ketchup de roșii și fierbeți timp de 3 minute. Amestecați făina de porumb și apa până devine o pastă, amestecați-o în tigaie și fierbeți, amestecând, până când sosul se îngroașă. Adăugați creveții în tigaie și fierbeți până se încălzesc. Serviți imediat.

Creveți cu legume

Server 4

15 ml/1 lingură ulei de arahide.
225 g/8 oz buchete de broccoli
225 g de ciuperci
225g/8oz muguri de bambus, feliați

450 g/1 lb creveți decojiți
120 ml/4 fl oz/¬Ω cană bulion de pui
5 ml/1 lingurita faina de porumb (amidon de porumb)
5 ml/1 lingurita sos de stridii
2,5 ml/¬Ω lingurita de zahar
2,5 ml/¬Ω linguriță rădăcină de ghimbir rasă
praf de piper proaspat macinat

Încinge uleiul și prăjește broccoli timp de 1 minut. Adăugați ciupercile și lăstarii de bambus și gătiți timp de 2 minute. Adăugați creveții și prăjiți timp de 2 minute. Se amestecă restul ingredientelor și se amestecă în amestecul de creveți. Aduceți la fierbere, amestecând, și gătiți timp de 1 minut, amestecând constant.

Creveți cu castane de apă

Server 4

60 ml/4 linguri ulei de arahide.
1 catel de usturoi, tocat

1 felie radacina de ghimbir, tocata

450 g/1 lb creveți decojiți

30 ml/2 linguri vin de orez sau sherry uscat 225 g/8 oz castane de apă, feliate

30 ml/2 linguri sos de soia

15 ml/1 lingură făină de porumb (amidon de porumb)

45 ml/3 linguri de apă

Încinge uleiul și prăjește usturoiul și ghimbirul până se rumenesc ușor. Adăugați creveții și prăjiți timp de 1 minut. Adăugați vin sau sherry și amestecați bine. Se adauga castane de apa si se prajesc 5 minute. Adăugați restul ingredientelor și gătiți timp de 2 minute.

Wontons de creveți

Server 4

450g/1lb creveți decojiți, tocați

225g/8oz amestec de legume, tocate

15 ml/1 lingura sos de soia

2,5 ml/¬Ω linguriță de sare
câteva picături de ulei de susan
40 de piei wonton
ulei pentru prăjire adâncă

Amestecați creveții, legumele, sosul de soia, sarea și uleiul de susan.

Pentru a plia wonton-urile, țineți pielea în mâna stângă și puneți o lingură de umplutură în mijloc. Ungeți marginile cu ou și pliați coaja într-un triunghi, sigilând marginile. Umeziți colțurile cu ou și răsuciți.

Încinge uleiul și prăjește wontonurile unul câte unul până se rumenesc. Scurgeți bine înainte de servire.

Abalone cu pui

Server 4

400 g/14 oz abalone conservat
30 ml/2 linguri ulei de arahide.
100g/4oz piept de pui, taiat cubulete

100g/4oz muguri de bambus, feliați

250 ml/8 fl oz/1 cană sos de pește

15 ml/1 lingura vin de orez sau sherry uscat

5 ml/1 lingurita de zahar

2,5 ml/¬Ω linguriță de sare

15 ml/1 lingură făină de porumb (amidon de porumb)

45 ml/3 linguri de apă

Scurgeți și feliați, puneți sucul deoparte. Încinge uleiul și prăjește pieptul de pui până la lumină. Adăugați abalonul și lăstarii de bambus și prăjiți timp de 1 minut. Adăugați bulionul de abalone, bulionul, vinul sau sherry, zahărul și sarea, aduceți la fiert și fierbeți timp de 2 minute. Se amestecă făina de porumb și apa până la o pastă și se fierbe, amestecând, până când sosul devine transparent și se îngroașă. Serviți imediat.

Abalone cu sparanghel

Server 4

10 ciuperci chinezești uscate

30 ml/2 linguri ulei de arahide.

15 ml/1 lingura de apa

225 g/8 oz sparanghel

2,5 ml/½ linguriță sos de pește

15 ml/1 lingură făină de porumb (amidon de porumb)

225g/8oz conserva de abalone, feliat

60 ml/4 linguri bulion

½ morcov mic, feliat

5 ml/1 lingurita sos de soia

5 ml/1 lingurita sos de stridii

5 ml/1 lingurita vin de orez sau sherry uscat

Înmuiați ciupercile în apă caldă timp de 30 de minute, apoi filtrați. Aruncați tulpinile. Încinge 15 ml/1 lingură de ulei cu apă și prăjește capacele ciupercilor timp de 10 minute. Intre timp, gatiti sparanghelul in apa clocotita pana se inmoaie cu sosul de peste si 5 ml/1 lingurita de porumb. Se scurge bine si se aranjeaza pe o farfurie incalzita cu ciupercile. Păstrați-le la cald. Se încălzește uleiul rămas și se prăjește abalonul pentru câteva secunde, apoi se adaugă bulionul, morcovii, sosul de soia, sosul de stridii, vinul sau sherry și restul de mălai. Gatiti aproximativ 5 minute pana se inmoaie, apoi turnati peste sparanghel si serviti.

Abalone cu ciuperci

Server 4

6 ciuperci chinezești uscate
400 g/14 oz abalone conservat
45 ml/3 linguri ulei de arahide.
2,5 ml/¬Ω linguriță de sare
15 ml/1 lingura vin de orez sau sherry uscat
3 cepe primare (ceapa), taiate felii groase

Înmuiați ciupercile în apă caldă timp de 30 de minute, apoi filtrați. Aruncați tulpinile și tăiați capacele. Scurgeți și feliați, puneți sucul deoparte. Încinge uleiul și prăjește sarea și ciupercile timp de 2 minute. Adăugați bulionul de abalone și sherry, aduceți la fierbere, acoperiți și fierbeți timp de 3 minute. Se adaugă abalone și ceai și se călesc până se încălzesc. Serviți imediat.

Abalone cu sos de stridii

Server 4

400 g/14 oz abalone conservat
15 ml/1 lingură făină de porumb (amidon de porumb)
15 ml/1 lingura sos de soia
45 ml/3 linguri sos de stridii
30 ml/2 linguri ulei de arahide.
50g/2oz șuncă afumată, tocată

Scurgeți cutia de abalone, rezervând 90 ml/6 linguri de lichid. Se amestecă cu făină de porumb, sos de soia și sos de stridii. Se încălzește uleiul și se prăjește abalonul scurs timp de 1 minut. Se amestecă amestecul de sos și se gătește, amestecând, până se încălzește, aproximativ 1 minut. Se pune intr-un castron incalzit si se serveste garnisit cu sunca.

midii la abur

Server 4

24 de scoici

Frecați bine midiile și puneți-le la înmuiat în apă cu sare timp de câteva ore. Clătiți sub jet de apă și puneți pe o farfurie rezistentă la căldură. Puneți-l pe un grătar în cuptorul cu abur, acoperiți-l și fierbeți-l ușor peste apă clocotită timp de cca. 10 minute până se deschid toate scoicile. Aruncați tot ce rămâne închis. Serviți cu dip.

Midii cu muguri de fasole

Server 4

24 de scoici
15 ml/1 lingură ulei de arahide.
150 g/5 oz muguri de fasole
1 ardei verde, tăiat fâșii
2 cepe primare (ceapa), tocate marunt
15 ml/1 lingura vin de orez sau sherry uscat
sare si piper proaspat macinat
2,5 ml/¬Ω linguriță ulei de susan
50g/2oz șuncă afumată, tocată

Frecați bine midiile și puneți-le la înmuiat în apă cu sare timp de câteva ore. Clătiți sub jet de apă. Se fierbe o oală cu apă, se adaugă scoicile și se fierbe câteva minute până se deschid. Goliți și aruncați tot ce rămâne închis. Scoateți scoicile din coji.

Încinge uleiul și prăjește mugurii de fasole timp de 1 minut. Adăugați ardeiul gras și ceapa primăvară și căliți timp de 2 minute. Adăugați vin sau sherry și asezonați cu sare și piper. Se încălzește, apoi se amestecă scoici și se amestecă până se amestecă bine și se încălzește. Se pune intr-un castron incalzit si se serveste stropite cu ulei de susan si sunca.

Midiile cu ghimbir si usturoi

Server 4

24 de scoici
15 ml/1 lingură ulei de arahide.
2 felii de rădăcină de ghimbir, tocate
2 catei de usturoi, macinati
15 ml/1 lingura de apa
5 ml/1 lingurita ulei de susan
sare si piper proaspat macinat

Frecați bine midiile și puneți-le la înmuiat în apă cu sare timp de câteva ore. Clătiți sub jet de apă. Încinge uleiul și prăjește ghimbirul și usturoiul timp de 30 de secunde. Adăugați midiile, apa și uleiul de susan, acoperiți și fierbeți cca. 5 minute până se deschid scoici. Aruncați tot ce rămâne închis. Se condimentează cu sare și piper și se servește imediat.

Scoici prăjite

Server 4

24 de scoici

60 ml/4 linguri ulei de arahide.

4 catei de usturoi, tocati

1 ceapa, tocata

2,5 ml/¬Ω linguriță de sare

Frecați bine midiile și puneți-le la înmuiat în apă cu sare timp de câteva ore. Clătiți sub jet de apă și uscați. Încinge uleiul și prăjește usturoiul, ceapa și sarea până se înmoaie. Adăugați scoici, acoperiți și fierbeți aproximativ 5 minute, până se deschid toate cojile. Aruncați tot ce rămâne închis. Se prăjește ușor încă 1 minut, se stropește cu ulei.

Prajituri de crab

Server 4

225 g/8 oz muguri de fasole

60 ml/4 linguri ulei de arahide (ulei de arahide) 100 g/4 oz muguri de bambus, tăiați fâșii

1 ceapa, tocata

225 g/8 oz carne de crab, fulgi

4 oua, batute usor

15 ml/1 lingură făină de porumb (amidon de porumb)

30 ml/2 linguri sos de soia

sare si piper proaspat macinat

Se albesc mugurii de fasole în apă clocotită timp de 4 minute, apoi se strecoară. Se încălzește jumătate din ulei și se prăjesc mugurii de fasole, lăstarii de bambus și ceapa până se înmoaie. Se ia de pe foc și se amestecă restul ingredientelor, cu excepția uleiului. Se încălzește uleiul rămas într-o tigaie curată și se prăjește carnea de crab în prăjituri mici cu o lingură. Prăjiți ambele părți până se rumenește ușor, apoi serviți imediat.

Crema pentru cancer

Server 4

225 g/8 oz carne de crab

5 ouă, bătute

1 ceapa primavara (ceapa), tocata marunt

250 ml/8 fl oz/1 cană apă

5 ml/1 lingurita de sare

5 ml/1 lingurita ulei de susan

Se amestecă bine toate ingredientele. Se pune intr-un bol, se acopera si se pune deasupra unui boiler peste apa fierbinte sau pe un gratar pentru abur. Se fierbe până devine cremos, amestecând din când în când, timp de aproximativ 35 de minute. Serviți cu orez.

Carne de crab cu frunze chinezești

Server 4

450 g/1 lb frunze chinezești, tocate

45 ml/3 linguri ulei vegetal

2 cepe primare (ceapa), tocate marunt

225 g/8 oz carne de crab

15 ml/1 lingura sos de soia

15 ml/1 lingura vin de orez sau sherry uscat

5 ml/1 lingurita de sare

Se fierb frunzele chinezești în apă clocotită timp de 2 minute, apoi se scurg bine și se clătesc în apă rece. Încinge uleiul și prăjește ușor ceapa primăvară. Adăugați carnea de crab și prăjiți timp de 2 minute. Adăugați frunzele chinezești și prăjiți timp de 4 minute. Adăugați sosul de soia, vinul sau sherry și sare și amestecați bine. Adăugați bulionul și făina de porumb, aduceți la fiert și fierbeți timp de 2 minute, amestecând, până când sosul se limpezește și se îngroașă.

Crab Foo Yung cu muguri de fasole

Server 4

6 oua, batute

45 ml/3 linguri faina de porumb (amidon de porumb)

225 g/8 oz carne de crab

100 g/4 oz muguri de fasole

2 cepe primare (ceapa), tocate marunt

2,5 ml/¬Ω linguriță de sare

45 ml/3 linguri ulei de arahide.

Se bat oul, apoi se amesteca in porumb. Se amesteca si celelalte ingrediente cu exceptia uleiului. Se incinge uleiul si se toarna amestecul in tigaie putin cate putin pentru a face un mic, aprox. 7,5 cm în diametru. Se prăjește fundul până atunci, apoi se întoarce și se prăjește și cealaltă parte.

Crab cu ghimbir

Server 4

15 ml/1 lingură ulei de arahide.
2 felii de rădăcină de ghimbir, tocate
4 ceapa primavara (ceapa), tocata marunt
3 catei de usturoi, macinati
1 ardei iute rosu, tocat
350 g/12 oz carne de crab, fulgi
2,5 ml/¬Ω lingurita pasta de peste
2,5 ml/¬Ω linguriță ulei de susan
15 ml/1 lingura vin de orez sau sherry uscat
5 ml/1 lingurita faina de porumb (amidon de porumb)
15 ml/1 lingura de apa

Se încălzește uleiul și se prăjește ghimbirul, ceapa primăvară, usturoiul și chili timp de 2 minute. Adăugați carnea de crab și amestecați până când condimentele sunt bine acoperite. Se amestecă pasta de pește, se amestecă celelalte ingrediente într-o pastă și se fierbe timp de 1 minut, amestecând în tigaie. Serviți imediat.

Crab Lo Mein

Server 4

100 g/4 oz muguri de fasole
30 ml/2 linguri ulei de arahide.
5 ml/1 lingurita de sare
1 ceapă, feliată
100 g de ciuperci, feliate
225 g/8 oz carne de crab, fulgi
100g/4oz muguri de bambus, feliați
Aluat aruncat
30 ml/2 linguri sos de soia
5 ml/1 lingurita de zahar
5 ml/1 lingurita ulei de susan
sare si piper proaspat macinat

Se albesc mugurii de fasole în apă clocotită timp de 5 minute, apoi se strecoară. Se încălzeşte uleiul, se prăjeşte sarea şi ceapa până se înmoaie. Adăugaţi ciupercile şi prăjiţi până se înmoaie. Adăugaţi carnea de crab şi prăjiţi timp de 2 minute. Adăugaţi mugurii de fasole şi lăstarii de bambus şi prăjiţi timp de 1 minut. Adăugaţi aluatul scurs în tigaie şi amestecaţi uşor. Amestecaţi sosul de soia, zahărul şi uleiul de susan, asezonaţi cu sare şi piper. Amestecaţi tigaia până se încălzeşte.

Crab prajit cu carne de porc

Server 4

30 ml/2 linguri ulei de arahide.
100 g carne de porc tocată (măcinată).
350 g/12 oz carne de crab, fulgi
2 felii de rădăcină de ghimbir, tocate
2 oua, batute usor
15 ml/1 lingura sos de soia
15 ml/1 lingura vin de orez sau sherry uscat
30 ml/2 linguri de apă
sare si piper proaspat macinat
4 cepe primare (ceapa), taiate fasii

Încinge uleiul şi rumeneşte uşor carnea de porc. Adăugaţi carnea de crab şi ghimbirul şi prăjiţi timp de 1 minut. Se amestecă ouăle, se adaugă sosul de soia, vinul sau sherry, apa, sare și piper și se prăjesc timp de aproximativ 4 minute. Se servesc ornat cu ceapa primavara.

Carne de crab prajita

Server 4

30 ml/2 linguri ulei de arahide.
450 g/1 lb carne de crab, fulgi
2 cepe primare (ceapa), tocate marunt
2 felii de rădăcină de ghimbir, tocate
30 ml/2 linguri sos de soia
30 ml/2 linguri vin de orez sau sherry uscat
2,5 ml/¬Ω linguriță de sare
15 ml/1 lingură făină de porumb (amidon de porumb)
60 ml/4 linguri de apă

Încinge uleiul și prăjește în ea carnea de crab, ceapa primăvară și ghimbirul timp de 1 minut. Adăugați sosul de soia, vinul sau sherry și sare, acoperiți și fierbeți timp de 3 minute. Se amestecă făina de porumb și apa până la o pastă, se amestecă în tigaie și se amestecă până când sosul este limpede și se îngroașă.

Biluțe de calmar prăjite

Server 4

450 g/1 lb calmar

50g/2oz untură, topită

1 albus de ou

2,5 ml/¬Ω lingurita de zahar

2,5 ml/¬Ω linguriță făină de porumb (amidon de porumb)

sare si piper proaspat macinat

ulei pentru prăjire adâncă

Tăiați calmarul și piureul sau piureul. Se amestecă cu grăsime, albuș, zahăr și mălai, se condimentează cu sare și piper. Presă amestecul în bile mici. Încinge uleiul și prăjește bilușele dacă este necesar. în loturi până când plutesc în vârful uleiului și sunt aurii. Se scurge bine si se serveste imediat.

homar cantonez

Server 4

2 homari

30 ml/2 linguri ulei

15 ml/1 lingură sos de fasole neagră

1 căţel de usturoi, zdrobit

1 ceapa, tocata

225 g carne de porc tocata (tocata).

45 ml/3 linguri sos de soia

5 ml/1 lingurita de zahar

sare si piper proaspat macinat

15 ml/1 lingură făină de porumb (amidon de porumb)

75 ml/5 linguri de apă

1 ou, batut

Deschideti homarii, scoateti carnea si taiati 2,5 cm/1 cubulete. Încinge uleiul şi prăjeşte sosul de fasole neagră, usturoiul şi ceapa până se rumenesc uşor. Se adauga carnea de porc si se prajeste pana se rumeneste. Adăugaţi sosul de soia, zahărul, sare, piper și homarul, acoperiți și fierbeți timp de aproximativ 10 minute. Se amestecă făina de porumb și apa până la o pastă, se amestecă în tigaie și se fierbe, amestecând, până când sosul devine transparent și se îngroașă. Înainte de servire, stingeți focul și amestecați oul.

Homar prajit

Server 4

450 g/1 lb carne de homar
30 ml/2 linguri sos de soia
5 ml/1 lingurita de zahar
1 ou, batut
30 ml/3 linguri făină simplă (universală).
ulei pentru prăjire adâncă

Tăiați carnea de homar în cuburi de 2,5 cm și amestecați cu sosul de soia și zahărul. Se lasa sa actioneze 15 minute si apoi se scurge. Bateți oul și făina, apoi adăugați homarul și amestecați bine. Încinge uleiul și prăjește homarul până se rumenește. Scurgeți pe hârtie de bucătărie înainte de servire.

Homar la abur cu șuncă

Server 4

4 oua, batute usor
60 ml/4 linguri de apă
5 ml/1 lingurita de sare
15 ml/1 lingura sos de soia
450 g/1 lb carne de homar, fulgi
15 ml/1 lingura sunca afumata tocata
15 ml/1 lingura patrunjel proaspat tocat

Bateți ouăle cu apă, sare și sosul de soia. Se toarnă într-un vas rezistent la cuptor și se stropește cu carne de homar. Așezați vasul pe un grătar într-un cuptor cu abur, acoperiți și gătiți la abur timp de 20 de minute, până când oul se întărește. Se servesc ornat cu sunca si patrunjel.

Homar cu ciuperci

Server 4

450 g/1 lb carne de homar
15 ml/1 lingură făină de porumb (amidon de porumb)
60 ml/4 linguri de apă
30 ml/2 linguri ulei de arahide.
4 cepe primare (ceapa), taiate felii groase
100 g de ciuperci, feliate
2,5 ml/¬Ω linguriță de sare
1 cățel de usturoi, zdrobit
30 ml/2 linguri sos de soia
15 ml/1 lingura vin de orez sau sherry uscat

Tăiați carnea homarului în cuburi de 2,5 cm/1. Amestecați făina de porumb și apa până la o pastă și aruncați cuburile de homar în amestec pentru a le acoperi. Se incinge jumatate din ulei si se prajesc cubuletele de homar pana se rumenesc usor, apoi se scot din tigaie. Se încălzește uleiul rămas și se prăjește ceapa primăvară până se rumenește ușor. Adăugați ciupercile și gătiți timp de 3 minute. Adăugați sare, usturoi, sos de soia și vin sau sherry și gătiți timp de 2 minute. Întoarceți homarul în tigaie și gătiți până se încălzește.

Coada homarului cu carne de porc

Server 4

3 ciuperci chinezești uscate
4 cozi de homar
60 ml/4 linguri ulei de arahide.
100 g carne de porc tocată (măcinată).
50g/2oz castane de apă, tocate
sare si piper proaspat macinat
2 catei de usturoi, macinati
45 ml/3 linguri sos de soia
30 ml/2 linguri vin de orez sau sherry uscat
30 ml/2 linguri sos de fasole neagră
10 ml/2 linguri faina de porumb (amidon de porumb)
120 ml/4 fl oz/¬Ω cană de apă

Înmuiați ciupercile în apă caldă timp de 30 de minute, apoi filtrați. Aruncați tulpinile și tăiați capacele. Tăiați coada homarului în jumătate pe lungime. Scoateți carnea de pe coada homarului, salvând coaja. Se încălzește jumătate din ulei și se prăjește carnea de porc până la lumină. Se ia de pe foc, se amestecă ciupercile, carnea homarului, castanele de apă, se condimentează cu sare și piper, apoi se presară carnea înapoi în cojile de homar și se așează pe o farfurie ignifugă. Se pune într-un cuptor cu aburi pe un gratar, se acoperă și se fierbe cca. 20 de minute până la fiert. Între timp, încălziți uleiul rămas și prăjiți în el usturoiul, sosul de soia, vinul sau sherry și sosul de fasole neagră timp de 2 minute. Amestecați făina de porumb și apa până devine o pastă, amestecați-o în tigaie și fierbeți, amestecând, până când sosul se îngroașă. Asezam homarul pe o farfurie incalzita, turnam peste sos si servim imediat.

Homar braconat

Server 4

450 g/1 lb coadă de homar

30 ml/2 linguri ulei de arahide.

1 cățel de usturoi, zdrobit

2,5 ml/¬Ω linguriță de sare

350 g/12 oz muguri de fasole

50 g de ciuperci

4 cepe primare (ceapa), taiate felii groase

150 ml/¬° pt/generoasa ¬Ω cana supa de pui
15 ml/1 lingură făină de porumb (amidon de porumb)

Se fierbe o oală cu apă, se adaugă coada homarului și se fierbe timp de 1 minut. Scurgeți, răciți, îndepărtați pielea și tăiați în felii groase. Se incinge uleiul cu usturoiul si sarea si se prajeste pana se rumeneste usor usturoiul. Adăugați homarul și gătiți timp de 1 minut. Adăugați mugurii de fasole și ciupercile și gătiți timp de 1 minut. Se amestecă ceapa primăvară, se toarnă cea mai mare parte din bulion, se aduce la fierbere, se acoperă și se fierbe timp de 3 minute. Amestecați făina de porumb cu bulionul rămas, amestecați-o în tigaie și fierbeți, amestecând, până când sosul devine transparent și se îngroașă.

Cuiburi de homar

Server 4

30 ml/2 linguri ulei de arahide.

5 ml/1 lingurita de sare

1 ceapă roșie, feliată subțire

100 g de ciuperci, feliate

100 g/4 oz muguri de bambus, feliate 225 g/8 oz carne de homar gătită

15 ml/1 lingura vin de orez sau sherry uscat

120 ml/4 fl oz/¬Ω cană bulion de pui

praf de piper proaspat macinat

10 ml/2 lingurițe de făină de porumb (amidon de porumb)

15 ml/1 lingura de apa

4 cosuri cu paste

Se încălzește uleiul, se prăjește sarea și ceapa până se înmoaie. Adăugați ciupercile și lăstarii de bambus și gătiți timp de 2 minute. Adăugați carnea de homar, vinul sau sherry și bulionul, aduceți la fierbere, acoperiți și fierbeți timp de 2 minute. Se condimentează cu piper. Amestecați făina de porumb și apa până devine o pastă, amestecați-o în tigaie și fierbeți, amestecând, până când sosul se îngroașă. Așezați cuibul de paste pe o farfurie încălzită și acoperiți cu paste de homar.

Midiile in sos de fasole neagra

Server 4

45 ml/3 linguri ulei de arahide.
2 catei de usturoi, macinati
2 felii de rădăcină de ghimbir, tocate
30 ml/2 linguri sos de fasole neagră
15 ml/1 lingura sos de soia
Scoici de 1,5 kg/3lb, curățate și cu barbă
2 cepe primare (ceapa), tocate marunt

Încinge uleiul și prăjește usturoiul și ghimbirul timp de 30 de secunde. Adăugați sosul de fasole neagră și sosul de soia și prăjiți timp de 10 secunde. Adăugați midiile, acoperiți și fierbeți cca. 6 minute până se deschid scoici. Aruncați tot ce rămâne închis. Se pune intr-un castron incalzit si se serveste presarat cu ceapa primavara.

Midii cu ghimbir

Server 4

45 ml/3 linguri ulei de arahide.
2 catei de usturoi, macinati
4 felii rădăcină de ghimbir, tocate
Scoici de 1,5 kg/3lb, curățate și cu barbă
45 ml/3 linguri de apă
15 ml/1 lingura sos de stridii

Încinge uleiul și prăjește usturoiul și ghimbirul timp de 30 de secunde. Adăugați midiile și apa, acoperiți și fierbeți cca. 6 minute până se deschid scoici. Aruncați tot ce rămâne închis. Se pune intr-un castron incalzit si se serveste stropite cu sos de stridii.

midii la abur

Server 4

Scoici de 1,5 kg/3lb, curățate și cu barbă
45 ml/3 linguri sos de soia
3 ceapa primavara (ceapa), tocata marunt

Pune midiile pe un grătar într-un cuptor cu abur, se acoperă și se fierb peste apă clocotită timp de aproximativ 10 minute până când toate midiile s-au deschis. Aruncați tot ce rămâne închis. Se pune intr-un castron incalzit si se serveste stropite cu sos de soia si ceapa primavara.

Stridii prăjite

Server 4

24 de stridii, zdrobite
sare si piper proaspat macinat
1 ou, batut
50 g/2 oz/¬Ω cană făină simplă (universală).
250 ml/8 fl oz/1 cană apă
ulei pentru prăjire adâncă
4 ceapa primavara (ceapa), tocata marunt

Se presară stridiile cu sare și piper. Bateți oul cu făina și apa și folosiți-l pentru a acoperi stridiile. Încinge uleiul și prăjește stridiile până se rumenesc. Se scurge pe hartie de bucatarie si se serveste garnisita cu ceapa primavara.

Stridii cu bacon

Server 4

175 g/6 oz slănină
24 de stridii, zdrobite
1 ou, batut usor
15 ml/1 lingura de apa
45 ml/3 linguri ulei de arahide.
2 cepe, tocate
15 ml/1 lingură făină de porumb (amidon de porumb)
15 ml/1 lingura sos de soia
90 ml/6 linguri supa de pui

Tăiați slănina în bucăți și înfășurați câte o bucată în jurul fiecărei stridii. Bateți oul cu apa, apoi scufundați stridiile pentru a le acoperi. Se incinge jumatate din ulei si se prajesc stridiile pana se rumenesc usor pe ambele parti, apoi se scot din tigaie si se scurg de grasime. Se încălzește uleiul rămas și se prăjește ceapa până se înmoaie. Se amestecă făina de porumb, sosul de soia și bulionul până la o pastă, se toarnă în tigaie și se fierbe, amestecând, până când sosul se limpezește și se îngroașă. Se toarnă peste stridii și se servește imediat.

Stridii prăjite cu ghimbir

Server 4

24 de stridii, zdrobite
2 felii de rădăcină de ghimbir, tocate
30 ml/2 linguri sos de soia
15 ml/1 lingura vin de orez sau sherry uscat
4 cepe primare (ceapa), taiate fasii
100 g slănină
1 ou
50 g/2 oz/¬Ω cană făină simplă (universală).
sare si piper proaspat macinat
ulei pentru prăjire adâncă
1 lămâie tăiată cubulețe

Pune stridiile într-un castron cu ghimbirul, sosul de soia și vinul sau sherry și amestecăm bine. Lăsați să stea timp de 30 de minute. Așezați câteva fâșii de ceapă primăvară deasupra fiecărei stridii. Tăiați slănina în bucăți și înfășurați câte o bucată în jurul fiecărei stridii. Bateți oul și făina într-un aluat, asezonați cu sare și piper. Scufundați stridiile în aluat până când sunt bine acoperite. Încinge uleiul și prăjește stridiile până se rumenesc. Se servesc ornat cu felii de lamaie.

Stridii cu sos de fasole neagră

Server 4

350 g / 12 oz stridii decojite

120 ml/4 fl oz/¬Ω cană ulei de arahide (ulei de arahide).

2 catei de usturoi, macinati

3 cepe primare (ceapa), taiate felii

15 ml/1 lingură sos de fasole neagră

30 ml/2 linguri sos de soia închis

15 ml/1 lingura ulei de susan

un praf de chili pudră

Se fierb stridiile în apă clocotită timp de 30 de secunde, apoi se scurg. Încinge uleiul și prăjește usturoiul și ceapa primăvară timp de 30 de secunde. Adaugati sosul de fasole neagra, sosul de soia, uleiul de susan si stridiile si asezonati cu pudra de chili. Coaceți până se încălzește și serviți imediat.

Scoici cu muguri de bambus

Server 4

60 ml/4 linguri ulei de arahide.

6 ceapa primavara (ceapa), tocata marunt

225 g ciuperci tăiate în patru

15 ml/1 lingura de zahar

450 g/1 lb scoici decojite

2 felii de rădăcină de ghimbir, tocate

225g/8oz muguri de bambus, feliați

sare si piper proaspat macinat

300 ml/¬Ω pt/1 ¬° cană de apă

30 ml/2 linguri de otet de vin

30 ml/2 linguri faina de porumb (amidon de porumb)

150 ml/¬° pt/generoasă ¬Ω cană de apă

45 ml/3 linguri sos de soia

Încinge uleiul și prăjește ceapa primăvară și ciupercile timp de 2 minute. Adăugați zahăr, scoici, ghimbir, muguri de bambus, sare și piper, acoperiți și gătiți timp de 5 minute. Adăugați apă și oțet de vin, aduceți la fiert, acoperiți și fierbeți timp de 5 minute. Se amestecă făina de porumb și apa până la o pastă, se amestecă în tigaie și se fierbe, amestecând, până se îngroașă sosul. Se condimentează cu sos de soia și se servește.

Scoici cu ouă

Server 4

45 ml/3 linguri ulei de arahide.

350 g/12 oz scoici

25 g/1 oz sunca afumata, tocata

30 ml/2 linguri vin de orez sau sherry uscat

5 ml/1 lingurita de zahar

2,5 ml/¬Ω linguriță de sare

praf de piper proaspat macinat

2 oua, batute usor

15 ml/1 lingura sos de soia

Încinge uleiul și prăjește midiile timp de 30 de secunde. Adăugați șunca și prăjiți timp de 1 minut. Adăugați vin sau sherry, zahăr, sare și piper și gătiți timp de 1 minut. Adăugați ouăle și amestecați ușor la foc mare până când ingredientele se amestecă bine cu ouăle. Se serveste stropita cu sos de soia.

Scoici cu broccoli

Server 4

350g/12oz scoici, feliate

3 felii de rădăcină de ghimbir, tocate

¬Ω morcov mic, feliat

1 cățel de usturoi, zdrobit

45 ml/3 linguri făină simplă (universală).

2,5 ml/¬Ω lingurita de bicarbonat de sodiu (praf de copt)

30 ml/2 linguri ulei de arahide.

15 ml/1 lingura de apa

1 banană, feliată

ulei pentru prăjire adâncă

275 g/10 oz broccoli

sare

5 ml/1 lingurita ulei de susan

2,5 ml/¬Ω linguriță sos chili

2,5 ml/¬Ω linguriță de oțet de vin

2,5 ml/¬Ω linguriță pastă de tomate (paste)

Se amestecă scoicile cu ghimbirul, morcovul și usturoiul și se lasă să stea. Amestecați făina, bicarbonatul de sodiu, 15 ml/1 lingură de ulei și apă până la o pastă și acoperiți feliile de banană. Se incinge uleiul si se prajesc bananele pana devin aurii, apoi se scurg si se aranjeaza pe o farfurie incinsa. Între timp, gătiți broccoli în apă cu sare până când se înmoaie, apoi scurgeți-l. Încinge uleiul rămas cu uleiul de susan și prăjește scurt broccoli, apoi aranjează-l în jurul farfurii cu banane. Adăugați sosul de chili, oțetul de vin și pasta de roșii în tigaie și gătiți scoici până când sunt fierte. Se toarnă pe farfurie și se servește imediat.

Scoici cu ghimbir

Server 4

45 ml/3 linguri ulei de arahide.

2,5 ml/¬Ω linguriță de sare

3 felii de rădăcină de ghimbir, tocate

2 cepe primare (ceapa), taiate felii groase

450g/1lb scoici în coajă, tăiate la jumătate

15 ml/1 lingură făină de porumb (amidon de porumb)

60 ml/4 linguri de apă

Încinge uleiul și prăjește sarea și ghimbirul timp de 30 de secunde. Adăugați ceapa primăvară și prăjiți până se rumenește ușor. Adăugați scoici și gătiți timp de 3 minute. Amestecați făina de porumb și apa până devine o pastă, adăugați-o în tigaie și fierbeți, amestecând, până se îngroașă. Serviți imediat.

Scoici cu șuncă

Server 4

450g/1lb scoici în coajă, tăiate la jumătate

250 ml/8 fl oz/1 cană vin de orez sau sherry uscat

1 ceapa, tocata marunt

2 felii de rădăcină de ghimbir, tocate

2,5 ml/¬Ω linguriță de sare

100 g/4 oz șuncă afumată, tocată

Pune scoicile într-un castron și adaugă vinul sau sherry. Acoperiți și marinați timp de 30 de minute, întorcându-le din când în când, apoi scurgeți scoici și aruncați marinada. Pune scoicile cu celelalte ingrediente într-un vas rezistent la cuptor. Așezați oala pe un suport pentru abur, acoperiți și fierbeți peste apă clocotită aproximativ 6 minute, până când scoicile sunt fragede.

Scramble de scoici cu ierburi

Server 4

225 g/8 oz scoici

30 ml/2 linguri coriandru proaspăt tocat

4 oua, batute
15 ml/1 lingura vin de orez sau sherry uscat
sare si piper proaspat macinat
15 ml/1 lingură ulei de arahide.

Puneți scoicile într-un cuptor cu abur și gătiți la abur până sunt fierte, aproximativ 3 minute, în funcție de dimensiune. Scoateți din cuptorul cu abur și stropiți cu coriandru. Bateți ouăle cu vin sau sherry și asezonați cu sare și piper. Se amestecă scoici și coriandru, apoi se încălzește uleiul și se prăjește amestecul de ouă și crustacee, amestecând continuu, până când oul este pur și simplu moale. Serviți imediat.

Înveliți midiile și ceapa

Server 4

45 ml/3 linguri ulei de arahide.
1 ceapă, feliată

450g/1lb scoici în coajă, tăiate în sferturi
sare si piper proaspat macinat
15 ml/1 lingura vin de orez sau sherry uscat

Se incinge uleiul si se caleste ceapa pana se inmoaie. Adăugați scoici și prăjiți până se rumenesc ușor. Se condimentează cu sare și piper, se deglasează cu vin sau sherry și se servește imediat.

Scoici cu legume

4.Äì6 servici

4 ciuperci chinezești uscate
2 cepe

30 ml/2 linguri ulei de arahide.

3 tulpini de telina, feliate

225g/8oz fasole verde, tăiată în diagonală

10 ml/2 lingurițe rădăcină de ghimbir rasă

1 cățel de usturoi, zdrobit

20 ml/4 lingurițe de făină de porumb (amidon de porumb)

250 ml/8 fl oz/1 cană supă de pui

30 ml/2 linguri vin de orez sau sherry uscat

30 ml/2 linguri sos de soia

450g/1lb scoici în coajă, tăiate în sferturi

6 ceapa primavara (ceapa), taiata felii

425 g/15 oz porumb artificial pe stiuleți

Înmuiați ciupercile în apă caldă timp de 30 de minute, apoi filtrați. Aruncați tulpinile și tăiați capacele. Tăiați ceapa în rondele, separați straturile. Se încălzește uleiul și se prăjește ceapa, țelina, fasolea, ghimbirul și usturoiul timp de 3 minute. Amestecați nisipul de porumb cu puțin bulion, apoi amestecați cu bulionul rămas, vin sau sherry și sos de soia, apoi adăugați în wok și aduceți la fierbere, amestecând. Adaugati ciupercile, scoicile, ceapa si porumbul si gatiti aproximativ 5 minute, pana cand scoicile sunt fragede.

Scoici cu piper

Server 4

30 ml/2 linguri ulei de arahide.

3 ceapa primavara (ceapa), tocata marunt

1 cățel de usturoi, zdrobit

2 felii de rădăcină de ghimbir, tocate

2 ardei rosii taiati cubulete

450 g/1 lb scoici decojite

30 ml/2 linguri vin de orez sau sherry uscat

15 ml/1 lingura sos de soia

15 ml/1 lingură de sos de fasole galbenă

5 ml/1 lingurita de zahar

5 ml/1 lingurita ulei de susan

Încinge uleiul și prăjește ceapa primăvară, usturoiul și ghimbirul timp de 30 de secunde. Adăugați boia și prăjiți timp de 1 minut. Adăugați scoicile și gătiți timp de 30 de secunde, apoi adăugați restul ingredientelor și gătiți cca. 3 minute până când scoicile sunt fragede.

Caracatiță cu muguri de fasole

Server 4

450 g/1 lb calmar
30 ml/2 linguri ulei de arahide.
15 ml/1 lingura vin de orez sau sherry uscat
100 g/4 oz muguri de fasole
15 ml/1 lingura sos de soia
sare
1 ardei iute rosu, ras
2 felii rădăcină de ghimbir, rasă
2 cepe de primăvară (cepe), tocate

Scoateți capul, măruntaiele și membrana de la calmar și tăiați în bucăți mari. Tăiați un model în cruce pe fiecare bucată. Aduceți o oală cu apă la fiert, adăugați calamarul și fierbeți până când bucățile se încurcă, apoi îndepărtați și scurgeți. Se încălzește jumătate din ulei și se prăjește rapid calmarul. Stropiți cu vin sau sherry. Între timp, încălziți uleiul rămas și prăjiți mugurii de fasole până se înmoaie. Asezonați cu sos de soia și sare. Aranjați chiliul, ghimbirul și ceapa primăvară pe o farfurie. Asezati varza de fasole in centru si acoperiti cu calmar. Serviți imediat.

Calamar prajit

Server 4

50 g/2 oz făină simplă (universală).
25 g/1 oz/¬° cană făină de porumb (amidon de porumb)
2,5 ml/¬Ω lingurita de praf de copt
2,5 ml/¬Ω linguriță de sare
1 ou
75 ml/5 linguri de apă
15 ml/1 lingură ulei de arahide.
450 g/1 lb calmar, tăiat în inele
ulei pentru prăjire adâncă

Se amestecă făina, mălaiul, praful de copt, sarea, oul, apa și uleiul într-un aluat. Înmuiați calmarul în aluat până când este bine acoperit. Se încălzește uleiul și se prăjește calmarul de câteva ori până se rumenește. Scurgeți pe hârtie de bucătărie înainte de servire.

Pachete de caracatiță

Server 4

8 ciuperci chinezești uscate

450 g/1 lb calmar

100 g/4 oz șuncă afumată

100 g/4 oz tofu

1 ou, batut

15 ml/1 lingură făină simplă (universală).

2,5 ml/¬Ω lingurita de zahar

2,5 ml/¬Ω linguriță ulei de susan

sare si piper proaspat macinat

8 piei wonton

ulei pentru prăjire adâncă

Înmuiați ciupercile în apă caldă timp de 30 de minute, apoi filtrați. Aruncați tulpinile. Tăiați calmarul și tăiați-l în 8 bucăți.

Tăiați șunca și tofu în 8 părți. Pune-le pe toate într-un castron. Se amestecă ouăle cu făina, zahărul, uleiul de susan, sare și piper. Turnați ingredientele în bol și amestecați cu grijă. Puneți un capac de ciuperci și o bucată de calamar, șuncă și tofu, direct sub centrul cojilor wonton. Îndoiți colțul de jos în sus, pliați părțile laterale, apoi rulați și udați marginile cu apă pentru a sigila. Încinge uleiul și prăjește pachetele până se rumenesc în aproximativ 8 minute. Scurgeți bine înainte de servire.

Rulada de calmar prajit

Server 4

45 ml/3 linguri ulei de arahide.
225g/8oz inele de calmar
1 ardei verde mare, tăiat în bucăți
100g/4oz muguri de bambus, feliați

2 cepe primare (ceapa), tocate marunt
1 felie radacina de ghimbir, tocata marunt
45 ml/2 linguri sos de soia
30 ml/2 linguri vin de orez sau sherry uscat
15 ml/1 lingură făină de porumb (amidon de porumb)
15 ml/1 lingură bulion de pește sau apă
5 ml/1 lingurita de zahar
5 ml/1 linguriță de oțet de vin
5 ml/1 lingurita ulei de susan
sare si piper proaspat macinat

Se încălzesc 15 ml/1 lingură de ulei și se prăjesc rapid inelele de sepie. Între timp, încălziți uleiul rămas într-o tigaie separată și prăjiți în el boiaua, lăstarul de bambus, ceapa primăvară și ghimbirul timp de 2 minute. Adăugați calamarul și prăjiți timp de 1 minut. Se amestecă sosul de soia, vinul sau sherry, mălaiul, bulionul, zahărul, oțetul de vin și uleiul de susan, apoi se condimentează cu sare și piper. Gatiti, amestecand, pana cand sosul este transparent si se ingroasa.

Calamar prajit

Server 4

45 ml/3 linguri ulei de arahide.
3 cepe primare (ceapa), taiate felii groase
2 felii de rădăcină de ghimbir, tocate
450g/1lb calmar, tăiat în bucăți
15 ml/1 lingura sos de soia
15 ml/1 lingura vin de orez sau sherry uscat
5 ml/1 lingurita faina de porumb (amidon de porumb)
15 ml/1 lingura de apa

Se încălzește uleiul și se prăjește ceapa primăvară și ghimbirul până se înmoaie. Se adaugă calamarul și se prăjește până se acoperă în ulei. Adăugați sosul de soia și vinul sau sherry, acoperiți și fierbeți timp de 2 minute. Amestecați făina de porumb și apa până devine o pastă, adăugați-o în tigaie și fierbeți, amestecând, până când sosul se îngroașă și calamarul este fraged.

Caracatiță cu ciuperci uscate

Server 4

50 g/2 oz ciuperci chinezești uscate
450 g/1 lb inele de calmar
45 ml/3 linguri ulei de arahide.

45 ml/3 linguri sos de soia

2 cepe primare (ceapa), tocate marunt

1 felie radacina de ghimbir, tocata

225 g/8 oz muguri de bambus, tăiați în fâșii

30 ml/2 linguri faina de porumb (amidon de porumb)

150 ml/¬° pt/generoasă ¬Ω cană suc de pește

Înmuiați ciupercile în apă caldă timp de 30 de minute, apoi filtrați. Aruncați tulpinile și tăiați capacele. Albește inelele de calmar în apă clocotită pentru câteva secunde. Se încălzește uleiul, apoi se amestecă ciupercile, sosul de soia, ceapa primăvară și ghimbirul și se prăjesc timp de 2 minute. Adăugați calmarul și lăstarii de bambus și prăjiți timp de 2 minute. Se amestecă făina de porumb și bulionul și se amestecă în tigaie. Se fierbe, amestecând, până când sosul este transparent și se îngroașă.

Caracatiță cu legume

Server 4

45 ml/3 linguri ulei de arahide.

1 ceapă, feliată

5 ml/1 lingurita de sare

450g/1lb calmar, tăiat în bucăți

100g/4oz muguri de bambus, feliați

2 tulpini de telina, feliate

60 ml/4 linguri supa de pui

5 ml/1 lingurita de zahar

100 g mangetout (mazăre de zăpadă)

5 ml/1 lingurita faina de porumb (amidon de porumb)

15 ml/1 lingura de apa

Se incinge uleiul si se caleste usor ceapa si sarea. Se adaugă calamarul și se prăjește până se acoperă în ulei. Adăugați lăstarii de bambus și țelina și gătiți timp de 3 minute. Adăugați bulionul și zahărul, aduceți la fiert, acoperiți și fierbeți timp de 3 minute până când legumele sunt moi. Amestecați mangeout. Amestecați făina de porumb și apa până devine o pastă, amestecați-o în tigaie și fierbeți, amestecând, până când sosul se îngroașă.

Carne de vită înăbușită cu anason

Server 4

30 ml/2 linguri ulei de arahide.

450 g/1 lb friptură de mandră

1 cățel de usturoi, zdrobit

45 ml/3 linguri sos de soia
15 ml/1 lingura de apa
15 ml/1 lingura vin de orez sau sherry uscat
5 ml/1 lingurita de sare
5 ml/1 lingurita de zahar
2 cuișoare de anason stelat

Se încălzește uleiul și se rumenește carnea de vită pe toate părțile. Se adauga restul ingredientelor, se aduce la fierbere, se acopera si se fierbe la foc mic cca. 45 de minute, apoi întoarceți carnea, mai adăugați puțină apă și sos de soia dacă carnea se usucă. Mai fierbeți încă 45 de minute până când carnea este fragedă. Aruncați anasonul stelat înainte de servire.

Carne de vită cu sparanghel

Server 4

450g/1lb friptură de muschi, tăiată cubulețe
30 ml/2 linguri sos de soia
30 ml/2 linguri vin de orez sau sherry uscat

45 ml/3 linguri faina de porumb (amidon de porumb)

45 ml/3 linguri ulei de arahide.

5 ml/1 lingurita de sare

1 cățel de usturoi, zdrobit

350 g/12 oz vârfuri de sparanghel

120 ml/4 fl oz/¬Ω cană bulion de pui

15 ml/1 lingura sos de soia

Pune friptura într-un castron. Amestecați sosul de soia, vinul sau sherry și 30 ml/2 linguri de porumb, turnați peste friptură și amestecați bine. Se lasa la marinat 30 de minute. Se incinge uleiul cu sarea si usturoiul si se prajesc pana se rumeneste usor usturoiul. Adăugați carnea și marinada și gătiți timp de 4 minute. Adăugați sparanghelul și gătiți ușor timp de 2 minute. Adăugați bulionul și sosul de soia, aduceți la fiert și fierbeți, amestecând, timp de 3 minute, până când carnea este fragedă. Se amestecă făina de porumb rămasă cu puțină apă sau bulion și se amestecă în sos. Se fierbe câteva minute, amestecând, până când sosul se limpezește și se îngroașă.

Carne de vită cu muguri de bambus

Server 4

45 ml/3 linguri ulei de arahide.

1 cățel de usturoi, zdrobit

1 ceapa primavara (ceapa), tocata marunt
1 felie radacina de ghimbir, tocata
225g/8oz carne slabă de vită, tăiată fâșii
100 g/4 oz muguri de bambus
45 ml/3 linguri sos de soia
15 ml/1 lingura vin de orez sau sherry uscat
5 ml/1 lingurita faina de porumb (amidon de porumb)

Se încălzește uleiul și se prăjește usturoiul, ceapa primăvară și ghimbirul până se rumenesc ușor. Adăugați carnea de vită și gătiți timp de 4 minute până se rumenește ușor. Adăugați lăstarii de bambus și prăjiți timp de 3 minute. Adăugați sosul de soia, vinul sau sherry și făina de porumb și soțiți timp de 4 minute.

Carne de vită cu muguri de bambus și ciuperci

Server 4

225 g/8 oz carne de vită slabă
45 ml/3 linguri ulei de arahide.
1 felie radacina de ghimbir, tocata

100g/4oz muguri de bambus, feliați
100 g de ciuperci, feliate
45 ml/3 linguri vin de orez sau sherry uscat
5 ml/1 lingurita de zahar
10 ml/2 lingurite sos de soia
sare piper
120 ml/4 fl oz/¬Ω cană bulion de vită
15 ml/1 lingură făină de porumb (amidon de porumb)
30 ml/2 linguri de apă

Tăiați carnea de vită subțire peste bob. Încinge uleiul și prăjește ghimbirul pentru câteva secunde. Adăugați carnea de vită și gătiți până se rumenește. Adăugați lăstarii de bambus și ciupercile și prăjiți timp de 1 minut. Adăugați vin sau sherry, zahăr și sos de soia, apoi condimentați cu sare și piper. Se amestecă bulionul, se aduce la fierbere, se acoperă și se fierbe timp de 3 minute. Se amestecă făina de porumb și apa, se amestecă în tigaie și se fierbe, amestecând, până se îngroașă sosul.

Carne de vită înăbușită chinezească

Server 4

45 ml/3 linguri ulei de arahide.
900 g/2 lb friptură de mandră
1 ceapa primavara (ceapa), taiata felii

1 catel de usturoi, tocat

1 felie radacina de ghimbir, tocata

60 ml/4 linguri sos de soia

30 ml/2 linguri vin de orez sau sherry uscat

5 ml/1 lingurita de zahar

5 ml/1 lingurita de sare

un praf de piper

750ml/1¬° pct/3 căni de apă clocotită

Încălziți uleiul și prăjiți rapid carnea de vită pe toate părțile. Adăugați ceai verde, usturoi, ghimbir, sos de soia, vin sau sherry, zahăr, sare și piper. Aduceți la fierbere în timp ce amestecați. Adăugați apa clocotită, aduceți-o din nou la fiert în timp ce amestecați, puneți un capac și gătiți cca. 2 ore până când carnea de vită este fragedă.

Carne de vită cu muguri de fasole

Server 4

450g/1lb carne macră de vită, feliată

1 albus de ou

30 ml/2 linguri ulei de arahide.

15 ml/1 lingură făină de porumb (amidon de porumb)
15 ml/1 lingura sos de soia
100 g/4 oz muguri de fasole
25 g/1 oz varză murată, tocată
1 ardei iute rosu, ras
2 cepe de primăvară (cepe), tocate
2 felii rădăcină de ghimbir, rasă
sare
5 ml/1 lingurita sos de stridii
5 ml/1 lingurita ulei de susan

Amestecați carnea de vită cu albușurile, jumătate din ulei, mălai și sosul de soia și lăsați să stea 30 de minute. Se fierbe mugurii de fasole în apă clocotită timp de cca. Aproape moale în 8 minute, apoi se strecoară. Se încălzește uleiul rămas și se prăjește carnea de vită până se rumenește ușor, apoi se scoate din tigaie. Se adaugă varza murată, chili, ghimbir, sarea, sosul de stridii și uleiul de susan și se prăjește timp de 2 minute. Adăugați mugurii de fasole și prăjiți timp de 2 minute. Întoarceți carnea de vită în tigaie și gătiți până se amestecă bine și se încălzește. Serviți imediat.

Carne de vită cu broccoli

Server 4

450g/1lb friptură de muschi, feliată subțire
30 ml/2 linguri faina de porumb (amidon de porumb)
15 ml/1 lingura vin de orez sau sherry uscat
15 ml/1 lingura sos de soia
30 ml/2 linguri ulei de arahide.
5 ml/1 lingurita de sare
1 cățel de usturoi, zdrobit
225 g/8 oz buchete de broccoli
150 ml/¬° pt/generoasă ¬Ω cană bulion de vită

Pune friptura într-un castron. Se amestecă 15 ml/1 lingură de mălai cu vin sau sherry și sos de soia, se amestecă carnea și se lasă la marinat 30 de minute. Se incinge uleiul cu sarea si usturoiul si se prajesc pana se rumeneste usor usturoiul. Adăugați friptura și marinada și gătiți timp de 4 minute. Adăugați broccoli și gătiți timp de 3 minute. Adăugați bulionul, aduceți la fierbere, acoperiți și fierbeți timp de 5 minute până cand broccoli este fraged, dar încă crocant. Amestecați făina de porumb rămasă cu puțină apă și amestecați-o în sos. Se fierbe, amestecând, până când sosul este transparent și se îngroașă.

Carne de susan cu broccoli

Server 4

150 g/5 oz carne slabă de vită, feliată subțire
2,5 ml/¬Ω linguriță sos de stridii
5 ml/1 lingurita faina de porumb (amidon de porumb)
5 ml/1 lingurita otet de vin alb
60 ml/4 linguri ulei de arahide.
100 g/4 oz buchete de broccoli
5 ml/1 lingurita sos de peste
2,5 ml/¬Ω linguriță sos de soia
250 ml/8 fl oz/1 cană bulion de vită
30 ml/2 linguri de seminte de susan

Marinați carnea de vită cu sosul de stridii, 2,5 ml/¬Ω linguriță făină de porumb, 2,5 ml/¬Ω linguriță oțet de vin și 15 ml/¬Ω linguriță ulei timp de 1 oră.

Între timp, încălziți 15 ml/1 lingură ulei, adăugați broccoli, 2,5 ml/¬Ω linguriță sos de pește, sos de soia și oțet de vin rămas, apoi acoperiți cu apă clocotită. Se fierbe până se înmoaie, aproximativ 10 minute.

Într-o tigaie separată, încălziți 30 ml/2 linguri de ulei și prăjiți carnea de vită pentru scurt timp până se rumenește. Adăugați bulionul, făina de porumb rămasă și sosul de pește, aduceți la fierbere, acoperiți și fierbeți timp de aproximativ 10 minute până când carnea este fragedă. Scurgeți broccoli și puneți-l pe o farfurie caldă. Se aseaza blatul deasupra carnii si se presara generos cu seminte de susan.

Carne de vită la grătar

Server 4

450g/1lb friptură slabă, feliată
60 ml/4 linguri sos de soia
2 catei de usturoi, macinati
5 ml/1 lingurita de sare

2,5 ml/¬Ω lingurita de piper proaspat macinat
10 ml/2 lingurițe de zahăr

Se amestecă toate ingredientele și se lasă la marinat timp de 3 ore. Gratar sau gratar (biscuiti) peste un gratar incins timp de aproximativ 5 minute pe fiecare parte.

Carne de vită cantoneză

Server 4

30 ml/2 linguri faina de porumb (amidon de porumb)
2 albusuri, batute
450g/1lb friptură, tăiată fâșii
ulei pentru prăjire adâncă
4 tulpini de țelină, feliate

2 cepe, feliate

60 ml/4 linguri de apă

20 ml/4 lingurițe de sare

75 ml/5 linguri sos de soia

60 ml/4 linguri vin de orez sau sherry uscat

30 ml/2 linguri de zahăr

piper proaspăt măcinat

Se amestecă jumătate din făina de porumb cu albușul de ou. Adăugați friptura și amestecați pentru a acoperi carnea de vită în aluat. Încinge uleiul și prăjește friptura până se rumenește. Scoatem din tava si scurgem pe hartie de bucatarie. Se încălzește 15 ml/1 lingură ulei și se prăjește țelina și ceapa timp de 3 minute. Adăugați carnea, apa, sarea, sosul de soia, vinul sau sherry și zahărul, apoi condimentați cu piper. Se aduce la fierbere și se fierbe, amestecând, până se îngroașă sosul.

Carne de vită cu morcovi

Server 4

30 ml/2 linguri ulei de arahide.

450g/1lb carne macră de vită, tăiată cubulețe

2 cepe primare (ceapa), taiate felii

2 catei de usturoi, macinati

1 felie radacina de ghimbir, tocata

250 ml/8 fl oz/1 cană sos de soia

30 ml/2 linguri vin de orez sau sherry uscat

30 ml/2 linguri de zahăr brun

5 ml/1 lingurita de sare

600 ml/1 pt/2¬Ω cană de apă

4 morcovi, feliați

Încinge uleiul și prăjește carnea de vită până se rumenește ușor. Se toarna excesul de ulei si se adauga ceapa, usturoiul, ghimbirul si anasonul timp de 2 minute. Adăugați sos de soia, vin sau sherry, zahăr și sare și amestecați bine. Adăugați apa, aduceți la fiert, acoperiți și fierbeți timp de 1 oră. Adăugați morcovii, acoperiți și fierbeți încă 30 de minute. Scoateți capacul și fierbeți până când sosul scade.

Carne de vită cu caju

Server 4

60 ml/4 linguri ulei de arahide.

450g/1lb friptură de muschi, feliată subțire

8 cepe de primăvară (cepe), tocate mărunt

2 catei de usturoi, macinati

1 felie radacina de ghimbir, tocata

75 g/3 oz/¬e ceașcă de caju prăjite

120 ml/4 fl oz/¬Ω cană de apă

20 ml/4 linguriţe de făină de porumb (amidon de porumb)
20 ml/4 lingurite sos de soia
5 ml/1 lingurita ulei de susan
5 ml/1 lingurita sos de stridii
5 ml/1 lingurita sos chili

Se încălzeşte jumătate din ulei şi se prăjeşte carnea până se rumeneşte uşor. Scoateţi din tigaie. Încinge uleiul rămas şi prăjeşte în el ceapa primăvară, usturoiul, ghimbirul și caju pentru 1 minut. Întoarceţi carnea în tigaie. Combinaţi restul ingredientelor şi amestecaţi amestecul în tigaie. Se aduce la fierbere şi se fierbe, amestecând, până când amestecul se îngroaşă.

Tocană lentă de vită

Server 4

30 ml/2 linguri ulei de arahide.
450g/1lb carne de vită înăbuşită, tăiată cubuleţe
3 felii de rădăcină de ghimbir, tocate
3 morcovi, feliaţi
1 nap, taiat cubulete
15 ml/1 lingură curmale negre, fără seminţe
15 ml/1 lingură de seminţe de lotus
30 ml/2 linguri pasta de tomate (paste)

10 ml/2 linguri sare
900 ml/1¬Ω pt/3¬œ cană bulion de vită
250 ml/8 fl oz/1 cană vin de orez sau sherry uscat

Încinge uleiul într-o oală sau tigaie mare și prăjește carnea de vită până se rumenește pe toate părțile.

Carne de vită cu conopidă

Server 4

225 g/8 oz buchețe de conopidă
ulei pentru prăjire adâncă
225g/8oz carne de vită, tăiată fâșii
50g/2oz muguri de bambus, tăiați în fâșii
10 castane de apă tăiate fâșii
120 ml/4 fl oz/¬Ω cană bulion de pui
15 ml/1 lingura sos de soia
15 ml/1 lingura sos de stridii
15 ml/1 lingură pastă de tomate (paste)

15 ml/1 lingură făină de porumb (amidon de porumb)
2,5 ml/½ linguriță ulei de susan

Fierbeți conopida în apă clocotită timp de 2 minute, apoi scurgeți-o. Încinge uleiul și prăjește conopida până se rumenește ușor. Scoateți și scurgeți pe hârtie de bucătărie. Se încălzește uleiul și se prăjește carnea de vită până se rumenește ușor, apoi se scoate și se scurge. Scurgeți tot uleiul cu excepția a 15 ml/1 lingură de ulei și prăjiți lăstarii de bambus și castanele de apă timp de 2 minute. Se adauga restul ingredientelor, se aduce la fierbere si se fierbe, amestecand, pana se ingroasa sosul. Întoarceți carnea de vită și conopida în tigaie și încălziți ușor. Serviți imediat.

Carne de vită cu țelină

Server 4

100 g țelină, tăiată fâșii
45 ml/3 linguri ulei de arahide.
2 cepe primare (ceapa), tocate marunt
1 felie radacina de ghimbir, tocata
225g/8oz carne slabă de vită, tăiată fâșii
30 ml/2 linguri sos de soia
30 ml/2 linguri vin de orez sau sherry uscat
2,5 ml/½ lingurita de zahar

2,5 ml/¬Ω linguriță de sare

Se fierbe țelina în apă clocotită timp de 1 minut, apoi se scurge bine. Se încălzește uleiul și se prăjește ceapa primăvară și ghimbirul până se rumenesc ușor. Adăugați carnea de vită și gătiți timp de 4 minute. Adăugați țelina și prăjiți timp de 2 minute. Adăugați sosul de soia, vinul sau sherry, zahărul și sarea și gătiți timp de 3 minute.

Carne de vită prăjită cu țelină

Server 4

30 ml/2 linguri ulei de arahide.
450g/1lb carne macră de vită, feliată
3 tulpini de telina, tocate
1 ceapă, rasă
1 ceapa primavara (ceapa), taiata felii
1 felie radacina de ghimbir, tocata
30 ml/2 linguri sos de soia
15 ml/1 lingura vin de orez sau sherry uscat

2,5 ml/¬Ω lingurita de zahar

2,5 ml/¬Ω linguriță de sare

10 ml/2 lingurițe de făină de porumb (amidon de porumb)

30 ml/2 linguri de apă

Încinge jumătate din ulei la foarte fierbinte și prăjește carnea de vită timp de 1 minut până se rumenește. Scoateți din tigaie. Se încălzește uleiul rămas și se prăjește țelina, ceapa, ceapa primăvară și ghimbirul până se înmoaie ușor. Întoarceți carnea de vită în tigaia cu sosul de soia, vinul sau sherry, zahărul și sare, aduceți la fiert și gătiți până se încălzește. Combinați făina de porumb și apa, amestecați în tigaie și fierbeți până când sosul se îngroașă. Serviți imediat.

Carne tocată de vită cu pui și țelină

Server 4

4 ciuperci chinezești uscate

45 ml/3 linguri ulei de arahide.

2 catei de usturoi, macinati

1 rădăcină de ghimbir feliată, tocată mărunt

5 ml/1 lingurita de sare

100 g/4 oz carne slabă de vită, tăiată fâșii

100 g pui tăiat fâșii

2 morcovi, tăiați fâșii

2 tulpini de țelină, tăiate fâșii

4 cepe primare (ceapa), taiate fasii

5 ml/1 lingurita de zahar

5 ml/1 lingurita sos de soia

5 ml/1 lingurita vin de orez sau sherry uscat

45 ml/3 linguri de apă

5 ml/1 lingurita faina de porumb (amidon de porumb)

Înmuiați ciupercile în apă caldă timp de 30 de minute, apoi filtrați. Aruncați tulpinile și tăiați capacele. Încinge uleiul și prăjește usturoiul, ghimbirul și sarea până se rumenesc ușor. Adăugați carnea de vită și pui și gătiți până când începe să se rumenească. Adăugați țelina, ceapa primăvară, zahărul, sosul de soia, vinul sau sherry și apă și aduceți la fiert. Acoperiți și fierbeți timp de aproximativ 15 minute până când carnea este fragedă. Amestecați făina de porumb cu puțină apă, amestecați-o în sos și fierbeți, amestecând, până când sosul se îngroașă.

Carne de vită chili

Server 4

450g/1lb friptură de muschi, tăiată fâșii

45 ml/3 linguri sos de soia

15 ml/1 lingura vin de orez sau sherry uscat

15 ml/1 lingură de zahăr brun

15 ml/1 lingura radacina de ghimbir tocata marunt

30 ml/2 linguri ulei de arahide.

50 g/2 oz muguri de bambus, tăiați în bețe de chibrit

1 ceapă, tăiată fâșii

1 baton de telina, taiat in betisoare de chibrit

2 ardei iute roșii, fără semințe și tăiați fâșii

120 ml/4 fl oz/¬Ω cană bulion de pui

15 ml/1 lingură făină de porumb (amidon de porumb)

Pune friptura într-un castron. Combinați sosul de soia, vinul sau sherry, zahărul și ghimbirul și amestecați în friptură. Lasam la marinat 1 ora. Scoateți friptura din marinadă. Se încălzește jumătate din ulei și se prăjesc lăstarii de bambus, ceapa, țelina și chili timp de 3 minute, apoi se scot din tigaie. Încinge uleiul rămas și prăjește friptura timp de 3 minute. Se amestecă marinada, se aduce la fierbere și se adaugă legumele prăjite. Se fierbe, amestecând, timp de 2 minute. Se amestecă bulionul și mălaiul și se adaugă în oală. Se aduce la fierbere și se fierbe, amestecând, până când sosul devine transparent și se îngroașă.

Varză chinezească de vită

Server 4

225 g/8 oz carne de vită slabă
30 ml/2 linguri ulei de arahide.
350g/12oz varză chinezească, mărunțită
120 ml/4 fl oz/¬Ω cană bulion de vită
sare si piper proaspat macinat
10 ml/2 lingurițe de făină de porumb (amidon de porumb)
30 ml/2 linguri de apă

Tăiați carnea de vită subțire peste bob. Încinge uleiul și prăjește carnea de vită până se rumenește. Adăugați varza chinezească și gătiți până se înmoaie ușor. Se adauga bulionul, se aduce la fierbere, se condimenteaza cu sare si piper. Acoperiți și fierbeți timp de 4 minute până când carnea de vită este fragedă. Se amestecă făina de porumb și apa, se amestecă în tigaie și se fierbe, amestecând, până se îngroașă sosul.

Friptură de vită Suey

Server 4

3 tulpini de telina, feliate
100 g/4 oz muguri de fasole
100 g/4 oz buchete de broccoli
60 ml/4 linguri ulei de arahide.
3 ceapa primavara (ceapa), tocata marunt
2 catei de usturoi, macinati
1 felie radacina de ghimbir, tocata
225g/8oz carne slabă de vită, tăiată fâșii
45 ml/3 linguri sos de soia
15 ml/1 lingura vin de orez sau sherry uscat

5 ml/1 lingurita de sare

2,5 ml/½ lingurita de zahar

piper proaspăt măcinat

15 ml/1 lingură făină de porumb (amidon de porumb)

Se fierbe țelina, mugurii de fasole și broccoli în apă clocotită timp de 2 minute, apoi se scurg și se usucă. Se încălzesc 45 ml/3 linguri de ulei și se prăjesc ceapa primăvară, usturoiul și ghimbirul până se rumenesc ușor. Adăugați carnea de vită și gătiți timp de 4 minute. Scoateți din tigaie. Încinge uleiul rămas și prăjește legumele timp de 3 minute. Adăugați carne de vită, sos de soia, vin sau sherry, sare, zahăr și un praf de piper și gătiți timp de 2 minute. Se amestecă făina de porumb cu puțină apă, se amestecă în tigaie și se fierbe, amestecând, până când sosul se limpezește și se îngroașă.

Carne de vită cu castraveți

Server 4

450g/1lb friptură de muschi, feliată subțire

45 ml/3 linguri sos de soia
30 ml/2 linguri faina de porumb (amidon de porumb)
60 ml/4 linguri ulei de arahide.
2 castraveți, curățați de coajă, fără miez și feliați
60 ml/4 linguri supa de pui
30 ml/2 linguri vin de orez sau sherry uscat
sare si piper proaspat macinat

Pune friptura într-un castron. Amestecați sosul de soia și făina de porumb și amestecați în friptură. Se lasa la marinat 30 de minute. Se încălzește jumătate din ulei și se prăjește castraveții timp de 3 minute până când se opace, apoi se scoate din tigaie. Încinge uleiul rămas și prăjește friptura până se rumenește. Se adauga castravetele si se prajesc 2 minute. Adăugați bulionul, vinul sau sherry și asezonați cu sare și piper. Aduceți la fierbere, acoperiți și fierbeți timp de 3 minute.

Chow Mein de vită

Server 4

750 g/1 ½ lb friptură de muschi

2 cepe

45 ml/3 linguri sos de soia

45 ml/3 linguri vin de orez sau sherry uscat

15 ml/1 lingura unt de arahide

5 ml/1 lingurita suc de lamaie

350 g/12 oz paste cu ou

60 ml/4 linguri ulei de arahide.

175 ml/6 fl oz/¾ cană bulion de pui

15 ml/1 lingură făină de porumb (amidon de porumb)

30 ml/2 linguri sos de stridii

4 ceapa primavara (ceapa), tocata marunt

3 tulpini de telina, feliate

100 g de ciuperci, feliate

1 ardei verde, tăiat fâșii

100 g/4 oz muguri de fasole

Scoateți și aruncați grăsimea din carne. Tăiați boabele în felii subțiri. Tăiați ceapa în rondele, separați straturile. Amestecați 15 ml/1 lingură sos de soia cu 15 ml/1 lingură vin sau sherry, unt de arahide și suc de lămâie. Se amestecă carnea, se acoperă și se lasă să stea 1 oră. Fierbe pastele în apă clocotită aproximativ 5 minute sau până se înmoaie. Scurgeți bine. Se încălzește 15 ml/1 lingură ulei, se adaugă 15 ml/1 lingură sos de soia și tăițeii și se prăjesc timp de 2 minute până se rumenesc ușor. Puneți într-un bol încălzit.

Amestecați sosul de soia rămas și vinul sau sherry cu bulionul, făina de porumb și sosul de stridii. Încinge 15 ml/1 lingură de ulei și prăjește ceapa timp de 1 minut. Adăugați țelina, ciupercile, ardeiul și mugurii de fasole și prăjiți timp de 2 minute. Scoateți din wok. Se încălzește uleiul rămas și se prăjește carnea de vită până se rumenește. Adăugați bulionul, aduceți la fierbere, acoperiți și fierbeți timp de 3 minute. Legumele se pun înapoi în wok și se prăjesc timp de aproximativ 4 minute până se încing. Turnați amestecul peste paste și serviți.

Friptură de castraveți

Server 4

450 g/1 lb friptură de muschi
10 ml/2 lingurițe de făină de porumb (amidon de porumb)
10 ml/2 lingurițe de sare
2,5 ml/¬Ω lingurita de piper proaspat macinat
90 ml/6 linguri ulei de arahide.
1 ceapa, tocata marunt
1 castravete, curatat de coaja si feliat
120 ml/4 fl oz/¬Ω cană bulion de vită

Tăiați friptura în fâșii și apoi în felii subțiri împotriva bobului. Se pune intr-un bol si se amesteca faina de porumb, sarea, piperul si jumatate din ulei, se lasa la marinat 30 de minute. Se încălzește uleiul rămas și se prăjește carnea de vită și ceapa până se rumenesc ușor. Adăugați castravetele și supa, aduceți la fierbere, acoperiți și fierbeți timp de 5 minute.

Roast beef curry

Server 4

45 ml/3 linguri de unt
15 ml/1 lingură pudră de curry
45 ml/3 linguri făină simplă (universală).
375 ml/13 fl oz/1¬Ω cană de lapte
15 ml/1 lingura sos de soia
sare si piper proaspat macinat
450g/1lb carne de vită fiartă, tocată

100 g/4 oz mazăre

2 morcovi, tocați mărunt

2 cepe, tocate

225 g/8 oz orez cu bob lung, fierbinte

1 ou tare (tare), feliat

Topiți untul, amestecați curry și făina și gătiți timp de 1 minut. Se amestecă laptele și sosul de soia, se aduce la fierbere și se fierbe timp de 2 minute, amestecând. Se adauga sare si piper dupa gust. Adăugați carnea de vită, mazărea, morcovii și ceapa și amestecați bine pentru a se îmbrăca cu sosul. Se amestecă orezul, se transferă amestecul într-un vas rezistent la cuptor și se prăjește la 200¬∞C/400¬∞F/gaz 6 preîncălzit timp de 20 de minute, până când legumele sunt fragede. Se servesc ornat cu felii de ou fiert tare.

Abalone marinat

Server 4

450g/1lb abalone conservat

45 ml/3 linguri sos de soia

30 ml/2 linguri de otet de vin

5 ml/1 lingurita de zahar

câteva picături de ulei de susan

Scurgeți abalonul și feliați sau tăiați în fâșii. Se amestecă celelalte ingrediente, se toarnă peste abalone și se amestecă bine. Acoperiți și lăsați la frigider pentru 1 oră.

Lăstarii de bambus aburiți

Server 4

60 ml/4 linguri ulei de arahide.
225 g/8 oz muguri de bambus, tăiați în fâșii
60 ml/4 linguri supa de pui
15 ml/1 lingura sos de soia
5 ml/1 lingurita de zahar
5 ml/1 lingurita vin de orez sau sherry uscat

Se încălzeşte uleiul şi se prăjesc lăstarii de bambus timp de 3 minute. Se amestecă bulionul, sosul de soia, zahărul şi vinul sau sherry şi se adaugă în tigaie. Acoperiți și fierbeți timp de 20 de minute. Se lasa sa se raceasca si sa se raceasca inainte de servire.

Pui cu castraveți

Server 4

1 castravete, curatat de coaja si miez
225g/8oz pui gătit, mărunțit
5 ml/1 linguriță de pudră de muștar
2,5 ml/¬Ω linguriță de sare
30 ml/2 linguri de otet de vin

Tăiați castraveții fâșii și puneți-le pe o farfurie plată de servire. Aranjați puiul deasupra. Se amestecă muștarul, sarea și oțetul de vin și se toarnă peste pui chiar înainte de servire.

Susan de pui

Server 4

350 g/12 oz pui gătit
120 ml/4 fl oz/½ cană de apă
5 ml/1 linguriță de pudră de muștar
15 ml/1 lingura de seminte de susan
2,5 ml/½ linguriță de sare
un praf de zahar
45 ml/3 linguri coriandru proaspăt tocat
5 ceapa primavara (ceapa), tocata marunt
½ salată, tocată

Tăiați puiul în fâșii mici. Amestecă suficientă apă cu muștarul pentru a face o pastă netedă și amestecă-o cu puiul. Prăjiți semințele de susan într-o tigaie uscată până devin ușor aurii, apoi adăugați-le în pui și stropiți cu sare și zahăr. Adăugați jumătate din pătrunjel și ceapa primăvară și amestecați bine. Se aranjează salata pe un platou, se adaugă amestecul de pui și se ornează cu pătrunjelul rămas.

Lichi cu ghimbir

Server 4

1 pepene mare, tăiat la jumătate și fără sămânță
450g/1lb lychees de conserve, scurse
5 cm/2 tulpini de ghimbir, feliate
niste frunze de menta

Umpleți jumătate din pepene galben cu litchi și ghimbir, decorați cu o frunză de mentă. Se răcește înainte de servire.

Aripioare de pui fierte roșii

Server 4

8 aripioare de pui
2 cepe primare (ceapa), tocate marunt
75 ml/5 linguri sos de soia
120 ml/4 fl oz/¬Ω cană de apă
30 ml/2 linguri de zahăr brun

Tăiați capetele de os ale aripilor de pui, aruncați-le, apoi tăiați în jumătate. Se pune intr-o oala cu celelalte ingrediente, se aduce la fiert, se acopera si se fierbe 30 de minute. Scoateți capacul și gătiți încă 15 minute, ungându-le regulat. Se lasa sa se raceasca inainte de servire, apoi se da la frigider.

Carne de crab cu castraveți

Server 4

100 g carne de crab, fulgi
2 castraveti, curatati si tocati
1 felie radacina de ghimbir, tocata
15 ml/1 lingura sos de soia
30 ml/2 linguri de otet de vin
5 ml/1 lingurita de zahar
câteva picături de ulei de susan

Puneți carnea de crab și castraveții într-un castron. Se amestecă celelalte ingrediente, se toarnă peste amestecul de carne de crab și se amestecă bine. Acoperiți și lăsați la frigider timp de 30 de minute înainte de servire.

Ciuperci murate

Server 4

225 g de ciuperci
30 ml/2 linguri sos de soia
15 ml/1 lingura vin de orez sau sherry uscat
vârf de cuțit de sare
câteva picături de sos tabasco
câteva picături de ulei de susan

Se fierb ciupercile în apă clocotită timp de 2 minute, apoi se filtrează și se usucă. Se aseaza intr-un bol si se toarna peste celelalte ingrediente. Se amestecă bine și se răcește înainte de servire.

Ciuperci cu usturoi marinate

Server 4

225 g de ciuperci
3 catei de usturoi, macinati
30 ml/2 linguri sos de soia
30 ml/2 linguri vin de orez sau sherry uscat
15 ml/1 lingura ulei de susan
vârf de cuțit de sare

Puneti ciupercile si usturoiul intr-o strecuratoare, turnati peste ele apa clocotita si lasati-le sa stea 3 minute. Scurgeți și uscați bine. Se amestecă celelalte ingrediente, se toarnă marinada peste ciuperci și se lasă la marinat timp de 1 oră.

Creveți și conopidă

Server 4

225 g/8 oz buchețe de conopidă
100 g/4 oz creveți decojiți
15 ml/1 lingura sos de soia
5 ml/1 lingurita ulei de susan

Gatiti conopida pentru aprox. 5 minute până când sunt moale, dar nu sunt încă crocante. Se amestecă cu creveții, se stropește cu sos de soia și ulei de susan, se amestecă. Se răcește înainte de servire.

Bețișoare de șuncă de susan

Server 4

225g/8oz șuncă, tăiată fâșii
10 ml/2 lingurite sos de soia
2,5 ml/½ linguriță ulei de susan

Aranjați șunca pe o farfurie. Amestecați sosul de soia și uleiul de susan, presărați șunca deasupra și serviți.

Tofu rece

Server 4

450g/1lb tofu, feliat
45 ml/3 linguri sos de soia
45 ml/3 linguri ulei de arahide.
piper proaspăt măcinat

Puneti cate cateva felii de tofu pe rand intr-o strecuratoare, scufundati-le in apa clocotita timp de 40 de secunde, apoi scurgeti-le si puneti-le pe o farfurie. Lasă-l să se răcească. Se amestecă sosul de soia și uleiul, se presară peste tofu și se servește stropit cu piper.

Pui cu bacon

Server 4

225g/8oz pui, feliat foarte subțire

75 ml/5 linguri sos de soia

15 ml/1 lingura vin de orez sau sherry uscat

1 cățel de usturoi, zdrobit

15 ml/1 lingură de zahăr brun

5 ml/1 lingurita de sare

5 ml/1 lingurita radacina de ghimbir tocata marunt

225 g/8 oz cubulete de slănină slabă

100 g de castane de apă, feliate foarte subțiri

30 ml/2 linguri de miere

Pune puiul într-un castron. Amestecați 45 ml/3 linguri de sos de soia cu vin sau sherry, usturoi, zahăr, sare și ghimbir, turnați peste pui și marinați cca. 3 ore. Pune puiul, baconul si castanele pe o frigaruie de kebab. Amestecați sosul de soia rămas cu mierea și ungeți kebab-ul. Grătiți (prăjiți) sub un grătar încins timp de aproximativ 10 minute până când este gătit, întorcându-i des și ungeți cu mai multă glazură pe măsură ce se gătește.

Pui și cartofi prăjiți cu banane

Server 4

2 piept de pui fiert
2 banane tari
6 felii de paine
4 ouă
120 ml/4 fl oz/¬Ω cană de lapte
50 g/2 oz/¬Ω cană făină simplă (universală).
225 g/8 oz/4 căni de pesmet proaspăt
ulei pentru prăjire adâncă

Tăiați puiul în 24 de bucăți. Curățați banana și tăiați-o în sferturi pe lungime. Tăiați fiecare sfert în treimi pentru a face 24 de bucăți. Tăiați coaja pâinii și tăiați-o în sferturi. Bateți oul și laptele, apoi ungeți o parte a pâinii. Pune o bucată de pui și o bucată de banană pe partea acoperită cu ou a fiecărei felii de pâine. Ungeți pătratele subțiri cu făină, apoi scufundați-le în ou și ungeți-le cu pesmet. Se scufundă din nou în ou și pesmet. Se încălzește uleiul și se prăjește în câteva pătrate până se rumenesc. Scurgeți pe hârtie de bucătărie înainte de servire.

Pui cu ghimbir si ciuperci

Server 4

225 g/8 oz file de piept de pui

5 ml/1 linguriță de pudră cu cinci condimente

15 ml/1 lingură făină simplă (universală).

120 ml/4 fl oz/½ cană ulei de arahide (ulei de arahide).

4 salote taiate in jumatate

1 cățel de usturoi, feliat

1 felie radacina de ghimbir, tocata

25 g/1 oz/¼ ceasca de caju

5 ml/1 lingurita de miere

15 ml/1 lingura de faina de orez

75 ml/5 linguri vin de orez sau sherry uscat

100 g ciuperci tăiate în patru

2,5 ml/½ linguriță turmeric

6 ardei iute galbeni, taiati in jumatate

5 ml/1 lingurita sos de soia

½ suc de lamaie

sare piper

4 frunze crocante de salata verde

Tăiați pieptul de pui în diagonală peste bob în fâșii fine. Se presară cu pudră de cinci condimente și se acoperă ușor cu făină. Încinge 15 ml/1 lingură de ulei și prăjește puiul până se rumenește. Scoateți din tigaie. Încălziți puțin ulei și prăjiți eșalota, usturoiul, ghimbirul și caju pentru 1 minut. Adăugați mierea și amestecați până când legumele sunt acoperite. Se presară cu făină, apoi se amestecă vinul sau sherry, se adaugă ciupercile, turmericul și chili și se fierbe timp de 1 minut. Adăugați puiul, sosul de soia, zeama de la jumătate de lime, sare și piper, apoi reîncălziți. Scoateți din tigaie și păstrați la cald. Se încălzește puțin ulei, se adaugă frunzele de salată și se prăjesc repede, se condimentează cu sare și piper și zeama de lămâie rămasă. Aranjați frunzele de salată pe o farfurie încălzită,

Pui și șuncă

Server 4

225g/8oz pui, feliat foarte subțire
75 ml/5 linguri sos de soia
15 ml/1 lingura vin de orez sau sherry uscat
15 ml/1 lingură de zahăr brun
5 ml/1 lingurita radacina de ghimbir tocata marunt
1 cățel de usturoi, zdrobit
225g/8oz șuncă fiartă, tăiată cubulețe
30 ml/2 linguri de miere

Pune puiul într-un castron cu 45 ml/3 linguri de sos de soia, vin sau sherry, zahăr, ghimbir și usturoi. Se lasa la marinat 3 ore. Puneți puiul și șunca pe o frigărui de kebab. Amestecați sosul de soia rămas cu mierea și ungeți kebab-ul. Grătiți (coaceți) sub un grătar încins timp de aproximativ 10 minute, întorcându-le des și ungeți cu glazură în timp ce gătiți.

Ficat de pui la gratar

Server 4

450 g/1 lb ficat de pui
45 ml/3 linguri sos de soia
15 ml/1 lingura vin de orez sau sherry uscat
15 ml/1 lingură de zahăr brun
5 ml/1 lingurita de sare
5 ml/1 lingurita radacina de ghimbir tocata marunt
1 cățel de usturoi, zdrobit

Ficatul de pui se fierbe in apa clocotita timp de 2 minute, apoi se scurge bine. Puneți într-un bol cu toate celelalte ingrediente, cu excepția uleiului și marinați aproximativ 3 ore. Așezați ficatul de pui pe o frigărui de kebab și puneți la grătar (coaceți) sub un grătar încins timp de cca. Maro auriu în 8 minute.

Biluțe de crab cu castane de apă

Server 4

450 g/1 lb carne de crab, tocată
100 g castane de apa, tocate
1 cățel de usturoi, zdrobit
1 cm/¬Ω rădăcină de ghimbir feliată, tocată mărunt
45 ml/3 linguri faina de porumb (amidon de porumb)
30 ml/2 linguri sos de soia
15 ml/1 lingura vin de orez sau sherry uscat
5 ml/1 lingurita de sare
5 ml/1 lingurita de zahar
3 oua, batute
ulei pentru prăjire adâncă

Amestecă toate ingredientele cu excepția uleiului și formează bile mici. Încinge uleiul și prăjește biluțele de crab până se rumenesc. Scurgeți bine înainte de servire.

Dim sum

Server 4

100 g creveți decojiți, tocați

225g/8oz carne de porc slabă, tocată mărunt

50g varză chinezească, tocată mărunt

3 ceapa primavara (ceapa), tocata marunt

1 ou, batut

30 ml/2 linguri faina de porumb (amidon de porumb)

10 ml/2 lingurite sos de soia

5 ml/1 lingurita ulei de susan

5 ml/1 lingurita sos de stridii

24 de piei wonton

ulei pentru prăjire adâncă

Amestecați creveții, carnea de porc, varza și ceapa primăvară. Amestecați oul, mălaiul, sosul de soia, uleiul de susan și sosul de stridii. Apăsați cu grijă materialul de ambalare pe umplutură, trageți marginile împreună, dar lăsați partea superioară deschisă. Încinge uleiul și prăjește dim sum-urile unul câte unul până se rumenesc. Scurgeți bine și serviți cald.

Rulouri cu șuncă și pui

Server 4

2 piept de pui
1 cățel de usturoi, zdrobit
2,5 ml/¬Ω linguriță de sare
2,5 ml/¬Ω tk pulbere cu cinci condimente
4 felii de sunca fiarta
1 ou, batut
30 ml/2 linguri de lapte
25 g/1 oz/¬° cană făină simplă (universală).
4 coji de rulada de oua
ulei pentru prăjire adâncă

Tăiați pieptul de pui în jumătate. Frecați-le foarte subțiri. Se amestecă usturoiul, sarea și praful de cinci condimente și se presară peste pui. Așezați o felie de șuncă deasupra fiecărei bucăți de pui și rulați strâns. Se amestecă oul și laptele. Ungeți bucățile de pui subțire în făină și apoi scufundați-le în amestecul de ouă. Asezati fiecare bucata pe pielea unui rulou de oua si ungeti marginile cu ou batut. Îndoiți părțile laterale și rulați, ciupind marginile pentru a sigila. Încinge uleiul și prăjește rulourile până se rumenesc în aproximativ 5 minute maro si bine facut. Se scurge pe hartie de bucatarie, apoi se taie in felii groase, diagonale si se serveste.

Cifra de afaceri de șuncă prăjită

Server 4

350 g/12 oz/3 căni de făină universală

175 g/6 oz/¬ea cană unt

120 ml/4 fl oz/¬Ω cană de apă

225g/8oz șuncă, tocată

100g/4oz muguri de bambus, tocați

2 cepe primare (ceapa), tocate marunt

15 ml/1 lingura sos de soia

30 ml/2 linguri de seminte de susan

Pune faina intr-un bol si adauga untul. Se amestecă cu apă pentru a face o pastă. Întindeți aluatul și tăiați-l în cercuri de 5 cm/2. Se amestecă toate celelalte ingrediente, cu excepția semințelor de susan și se așează câte o lingură pe fiecare cerc. Ungeți marginile aluatului cu apă și sigilați. Ungeți exteriorul cu apă și stropiți cu semințe de susan. Coaceți într-un cuptor preîncălzit la 180¬∞C/350¬∞F/marca de gaz 4 timp de 30 de minute.

Pește pseudoafumat

Server 4

1 biban de mare
3 felii rădăcină de ghimbir, feliate
1 cățel de usturoi, zdrobit
1 ceapa primavara (ceapa), feliata gros
75 ml/5 linguri sos de soia
30 ml/2 linguri vin de orez sau sherry uscat
2,5 ml/¬Ω lingurita de anason macinat
2,5 ml/¬Ω linguriță ulei de susan
10 ml/2 lingurițe de zahăr
120 ml/4 fl oz/¬Ω bulion de cană
ulei pentru prăjire adâncă
5 ml/1 lingurita faina de porumb (amidon de porumb)

Tăiați peștele și tăiați-l în felii de 5 mm (¬° in) peste bob. Amestecați ghimbirul, usturoiul, ceapa primăvară, 60 ml/4 linguri de sos de soia, sherry, anason și ulei de susan. Se toarna peste peste si se intoarce cu grija. Se lasă să stea 2 ore, întorcându-le din când în când.

Scurgeți marinada într-o tigaie și ștergeți peștele uscat pe hârtie de bucătărie. Adăugați zahărul, bulionul și sosul de soia rămas

marinată, aduceți la fierbere și fierbeți timp de 1 minut. Dacă sosul trebuie să fie îngroșat, amestecați făina de porumb cu puțină apă rece, amestecați-o în sos și fierbeți, amestecând, până când sosul se îngroașă.

Intre timp se incinge uleiul si se prajeste pestele pana se rumeneste. Scurgeți bine. Înmuiați bucățile de pește în marinată, apoi puneți-le pe o farfurie încălzită. Serviți cald sau rece.

Ciupercă umplută

Server 4

12 pălării mari cu ciuperci uscate
225 g/8 oz carne de crab
3 castane de apa, tocate
2 cepe primare (ceapa), tocate marunt
1 albus de ou
15 ml/1 lingură făină de porumb (amidon de porumb)
15 ml/1 lingura sos de soia
15 ml/1 lingura vin de orez sau sherry uscat

Înmuiați ciupercile în apă caldă peste noapte. Apăsați uscat. Amestecați celelalte ingrediente și umpleți capacele de ciuperci. Puneți pe un grătar pentru abur și gătiți la abur timp de 40 de minute. Serviți cald.

Sos de stridii Ciuperci

Server 4

10 ciuperci chinezești uscate
250 ml/8 fl oz/1 cană bulion de vită
15 ml/1 lingură făină de porumb (amidon de porumb)
30 ml/2 linguri sos de stridii
5 ml/1 lingurita vin de orez sau sherry uscat

Înmuiați ciupercile în apă clocotită timp de 30 de minute, apoi scurgeți, rezervând 250 ml/8 fl oz/1 cană de lichid de înmuiat. Aruncați tulpinile. Amestecați 60 ml/4 linguri de supă de vită cu făină de porumb pentru a face o pastă. Aduceți bulionul de vită rămas la fiert cu ciupercile și lichidul de ciuperci, apoi acoperiți și fierbeți timp de 20 de minute. Scoateți ciupercile din lichid cu o lingură cu fantă și puneți-le pe o farfurie caldă. Adăugați sosul de stridii și sherry în tigaie și fierbeți, amestecând, timp de 2 minute. Se amestecă pasta de mălai și se fierbe până când sosul se îngroașă. Se toarnă peste ciuperci și se servește imediat.

Rulada de porc și salată

Server 4

4 ciuperci chinezești uscate
15 ml/1 lingură ulei de arahide.
225g/8oz carne slabă de porc, tocată
100g/4oz muguri de bambus, tocați
100 g castane de apa, tocate
4 ceapa primavara (ceapa), tocata marunt
175 g/6 oz carne de crab, fulgi
30 ml/2 linguri vin de orez sau sherry uscat
15 ml/1 lingura sos de soia
10 ml/2 lingurite sos de stridii
10 ml/2 lingurițe de ulei de susan
9 litere chinezești

Înmuiați ciupercile în apă caldă timp de 30 de minute, apoi filtrați. Aruncați tulpinile și tăiați capacele. Încinge uleiul și prăjește carnea de porc timp de 5 minute. Se adauga ciupercile, lastarii de bambus, castanele de apa, ceapa primavara si carnea de crab si se prajesc 2 minute. Combinați vinul sau sherry, sosul de soia, sosul de stridii și uleiul de susan și amestecați în tigaie. Se ia de pe foc. Între timp, se fierb frunzele chinezești în apă clocotită timp de 1 minut

canal. Așezați o lingură de amestec de carne de porc în centrul fiecărei frunze, îndoiți părțile laterale, apoi rulați pentru a servi.

Chiftele de porc și castane

Server 4

450 g/1 lb carne de porc tocată
50 g de ciuperci, tocate mărunt
50g/2oz castane de apă, tocate
1 cățel de usturoi, zdrobit
1 ou, batut
30 ml/2 linguri sos de soia
15 ml/1 lingura vin de orez sau sherry uscat
5 ml/1 lingurita radacina de ghimbir tocata marunt
5 ml/1 lingurita de zahar
sare
30 ml/2 linguri faina de porumb (amidon de porumb)
ulei pentru prăjire adâncă

Amestecați ingredientele cu excepția făinii de porumb și formați bile mici. Se rulează în mălai. Încinge uleiul și prăjește chiftelele până se rumenesc în aproximativ 10 minute. Scurgeți bine înainte de servire.

Galuste de porc

4.Äì6 servici

450 g/1 lb făină simplă (universală).

500 ml/17 fl oz/2 căni de apă

450g/1lb carne de porc fiartă, tocată

225g/8oz creveți decojiți, tocați

4 tulpini de telina, tocate

15 ml/1 lingura sos de soia

15 ml/1 lingura vin de orez sau sherry uscat

15 ml/1 lingura ulei de susan

5 ml/1 lingurita de sare

2 cepe primare (ceapa), tocate marunt

2 catei de usturoi, macinati

1 felie radacina de ghimbir, tocata

Se amestecă făina și apa pentru a obține un aluat moale și se frământă bine. Acoperiți și lăsați să stea 10 minute. Întindeți aluatul cât mai subțire și tăiați-l în cercuri de 5 cm/2. Se amestecă toate celelalte ingrediente. Pune cate o lingura din amestec pe fiecare cerc, umezi marginile si inchide-l intr-un semicerc. Fierbeți o oală cu apă, apoi puneți găluștele cu grijă în apă.

Friptură de porc și vițel

Server 4

100 g carne de porc tocată (măcinată).
100 g de vițel tocat (tocat).
1 felie de bacon, tocat (tocat)
15 ml/1 lingura sos de soia
sare piper
1 ou, batut
30 ml/2 linguri faina de porumb (amidon de porumb)
ulei pentru prăjire adâncă

Se amestecă carnea tocată și baconul, se condimentează cu sare și piper. Se amestecă cu oul, se formează bile de mărimea unei nuci și se presară cu mălai. Se încălzește uleiul și se prăjește până se rumenește. Scurgeți bine înainte de servire.

Creveți fluture

Server 4

450 g/1 lb creveți mari decojiti
15 ml/1 lingura sos de soia
5 ml/1 lingurita vin de orez sau sherry uscat
5 ml/1 lingurita radacina de ghimbir tocata marunt
2,5 ml/¬Ω linguriță de sare
2 oua, batute
30 ml/2 linguri faina de porumb (amidon de porumb)
15 ml/1 lingură făină simplă (universală).
ulei pentru prăjire adâncă

Tăiați creveții la jumătatea spatelui și întindeți-i în formă de fluture. Se amestecă sosul de soia, vinul sau sherry, ghimbirul și sarea. Se toarnă peste creveți și se lasă la marinat 30 de minute. Scoateți din marinadă și ștergeți. Bateți oul cu mălaiul și făina până devine spumos și înmuiați creveții în aluat. Încinge uleiul și prăjește creveții până se rumenesc. Scurgeți bine înainte de servire.

creveți chinezești

Server 4

450g/1lb creveți necurățați
30 ml/2 linguri sos Worcestershire
15 ml/1 lingura sos de soia
15 ml/1 lingura vin de orez sau sherry uscat
15 ml/1 lingură de zahăr brun

Puneți creveții într-un castron. Se amestecă celelalte ingrediente, se toarnă peste creveți și se lasă la marinat timp de 30 de minute. Puneți într-o tavă de copt și coaceți în cuptorul preîncălzit la 150¬∞C/300¬∞F/2 timp de 25 de minute. Serviți cald sau rece în coajă, pentru ca oaspeții să-și poată curăța pe al lor.

Biscuiți cu creveți

Server 4

100 g/4 oz biscuiți cu creveți
ulei pentru prăjire adâncă

Încinge uleiul la foarte fierbinte. Adăugați o mână de biscuiți de creveți pe rând și prăjiți câteva secunde până se umflă. Scoateți uleiul și scurgeți-l pe hârtie de bucătărie în timp ce continuați să coaceți biscuiții.

Creveți crocanți

Server 4

450 g/1 lb creveți tigru decojiți
15 ml/1 lingura vin de orez sau sherry uscat
10 ml/2 lingurite sos de soia
5 ml/1 linguriță de pudră cu cinci condimente
sare piper
90 ml/6 linguri faina de porumb (amidon de porumb)
2 oua, batute
100 g/4 oz pesmet
ulei de arahide pentru prajit

Amestecați creveții cu vin sau sherry, sos de soia și pudră de cinci condimente, apoi condimentați cu sare și piper. Puneți-le în făină de porumb, apoi ungeți-le cu ou bătut și pesmet. Se prajesc in ulei incins cateva minute pana se rumenesc deschis, apoi se scurg si se servesc imediat.

Creveți cu sos de ghimbir

Server 4

15 ml/1 lingura sos de soia
5 ml/1 lingurita vin de orez sau sherry uscat
5 ml/1 lingurita ulei de susan
450 g/1 lb creveți decojiți
30 ml/2 linguri pătrunjel proaspăt tocat
15 ml/1 lingura de otet de vin
5 ml/1 lingurita radacina de ghimbir tocata marunt

Amestecați sosul de soia, vinul sau sherry și uleiul de susan. Turnați peste creveți, acoperiți și marinați timp de 30 de minute. Creveții la grătar pentru câteva minute până când sunt fierți și stropiți cu marinada. Intre timp amestecam patrunjelul, otetul de vin si ghimbirul cu crevetii.

Rulouri cu creveți și paste

Server 4

50 g/2 oz tăiței cu ou, rupti în bucăți
15 ml/1 lingură ulei de arahide.
50g/2oz carne de porc slabă, tocată mărunt
100 g de ciuperci, tocate
3 ceapa primavara (ceapa), tocata marunt
100 g creveți decojiți, tocați
15 ml/1 lingura vin de orez sau sherry uscat
sare piper
24 de piei wonton
1 ou, batut
ulei pentru prăjire adâncă

Se fierb pastele în apă clocotită timp de 5 minute, apoi se scurg și se taie bucăți. Încinge uleiul și prăjește carnea de porc timp de 4 minute. Se adauga ciupercile si ceapa si se fierbe 2 minute, apoi se ia de pe foc. Se amestecă creveții, vinul sau sherry și pastele și se condimentează cu sare și piper. Pune o lingura de amestec in centrul fiecarui coaja wonton si unge marginile cu ou batut. Îndoiți marginile peste, apoi rulați ambalajul și sigilați marginile. Încinge uleiul și prăjește rulourile fiecare timp de aproximativ 5 minute până devine maro auriu. Scurgeți pe hârtie de bucătărie înainte de servire.

Pâine prăjită cu creveți

Server 4

2 ouă 450g/1lb creveți decojiți, tocați
15 ml/1 lingură făină de porumb (amidon de porumb)
1 ceapa, tocata marunt
30 ml/2 linguri sos de soia
15 ml/1 lingura vin de orez sau sherry uscat
5 ml/1 lingurita de sare
5 ml/1 lingurita radacina de ghimbir tocata marunt
8 felii de pâine tăiate triunghiuri
ulei pentru prăjire adâncă

Amestecă 1 ou cu restul ingredientelor, cu excepția pâinii și a uleiului. Se toarnă amestecul peste triunghiurile de pâine și se presează într-o cupolă. Ungeți cu oul rămas. Se incalzeste cca. 5 cm de ulei și prăjiți triunghiurile de pâine până se rumenesc. Scurgeți bine înainte de servire.

Wonton de porc și creveți cu sos dulce-acru

Server 4

120 ml/4 fl oz/¬Ω cană de apă

60 ml/4 linguri de otet de vin

60 ml/4 linguri de zahăr brun

30 ml/2 linguri pasta de tomate (paste)

10 ml/2 lingurițe de făină de porumb (amidon de porumb)

25g/1oz ciuperci, tocate

25 g/1 oz creveți decojiți, tocați

50 g/2 oz carne slabă de porc, tocată

2 cepe primare (ceapa), tocate marunt

5 ml/1 lingurita sos de soia

2,5 ml/¬Ω linguriță rădăcină de ghimbir rasă

1 cățel de usturoi, zdrobit

24 de piei wonton

ulei pentru prăjire adâncă

Amestecați apa, oțetul de vin, zahărul, pasta de roșii și făina de porumb într-o cratiță mică. Se aduce la fierbere, amestecând constant, apoi se fierbe la foc mic timp de 1 minut. Se ia de pe foc si se tine la cald.

Amestecați ciupercile, creveții, carnea de porc, ceaiul verde, sosul de soia, ghimbirul și usturoiul. Așezați câte o lingură de umplutură pe fiecare piele, ungeți marginile cu apă și apăsați împreună pentru a sigila. Încinge uleiul și prăjește wontonurile unul câte unul până se rumenesc. Se scurge pe hartie de bucatarie si se serveste fierbinte cu sos dulce-acru.

Baza de pui

2 litri/3½ puncte/8½ căni

1,5 kg pulpe de pui fierte sau crude

450g/1lb oase de porc

1 cm/½ bucată de rădăcină de ghimbir

3 cepe primare (ceapa), taiate felii

1 cățel de usturoi, zdrobit

5 ml/1 lingurita de sare

2,25 litri/4 puncte/10 căni de apă

Fierbeți toate ingredientele, acoperiți și fierbeți timp de 15 minute. Îndepărtați toată grăsimea. Se pune capacul și se lasă să fiarbă o oră și jumătate. Se filtrează, se răcesc și se spumă. Congelați în cantități mici sau puneți la frigider și utilizați în 2 zile.

Varza de fasole si supa de porc

Server 4

450g/1lb carne de porc, tăiată cubulețe
1,5 l / 2½ puncte / 6 căni de supă de pui
5 felii de rădăcină de ghimbir
350 g/12 oz muguri de fasole
15 ml/1 lingura de sare

Se fierbe carnea de porc timp de 10 minute în apă clocotită, apoi se scurge. Aduceți bulionul la fiert, apoi adăugați carnea de porc și ghimbirul. Acoperiți și fierbeți timp de 50 de minute. Adăugați mugurii de fasole și sare și fierbeți timp de 20 de minute.

Supă de abalone și ciuperci

Server 4

60 ml/4 linguri ulei de arahide.
100 g/4 oz carne de porc slabă, tăiată fâșii
Cutie de 225 g/8 oz de abalone, tăiată fâșii
100 g de ciuperci, feliate
2 tulpini de telina, feliate
50g/2oz șuncă, tăiată fâșii
2 cepe, feliate
1,5 L/2½ puncte/6 căni de apă
30 ml/2 linguri de otet de vin
45 ml/3 linguri sos de soia
2 felii de rădăcină de ghimbir, tocate
sare si piper proaspat macinat
15 ml/1 lingură făină de porumb (amidon de porumb)
45 ml/3 linguri de apă

Se încălzește uleiul și se prăjește carnea de porc, abalonul, ciupercile, țelina, șunca și ceapa timp de 8 minute. Adăugați apă și oțet de vin, aduceți la fierbere, acoperiți și fierbeți timp de 20 de minute. Adăugați sos de soia, ghimbir, sare și piper. Amestecați făina de porumb într-o pastă apă, se amestecă în supă și se fierbe timp de 5 minute, amestecând, până când supa se limpezește și se îngroașă.

Supă de pui și sparanghel

Server 4

100 g/4 oz pui, tocat

2 albusuri

2,5 ml/½ linguriță de sare

30 ml/2 linguri faina de porumb (amidon de porumb)

225 g sparanghel, tăiat în bucăți de 5 cm

100 g/4 oz muguri de fasole

1,5 l / 2½ puncte / 6 căni de supă de pui

100 g de ciuperci

Se amestecă puiul cu albușurile, sarea și mălaiul și se lasă să stea 30 de minute. Gatiti pieptul de pui in apa clocotita timp de 10 minute, apoi scurgeti bine. Se fierbe sparanghelul în apă clocotită timp de 2 minute, apoi se scurge. Se albesc mugurii de fasole în apă clocotită timp de 3 minute, apoi se strecoară. Turnați bulionul într-o oală mare și adăugați puiul, sparanghelul, ciupercile și mugurii de fasole. Se fierbe si se condimenteaza cu sare. Fierbeți câteva minute pentru a dezvolta aromele și până când legumele sunt moi, dar totuși crocante.

Supa de vită

Server 4

225 g/8 oz carne de vită măcinată
15 ml/1 lingura sos de soia
15 ml/1 lingura vin de orez sau sherry uscat
15 ml/1 lingură făină de porumb (amidon de porumb)
1,2 l / 2 puncte / 5 căni de supă de pui
5 ml/1 linguriță sos de fasole chili
sare piper
2 oua, batute
6 ceapa primavara (ceapa), tocata marunt

Amestecați carnea de vită cu sosul de soia, vinul sau sherry și făina de porumb. Adăugați în bulion și aduceți treptat la fierbere în timp ce amestecați. Adăugați sosul de fasole chili, sare și piper, acoperiți și fierbeți timp de cca. 10 minute, amestecând din când în când. Se amestecă ouăle și se servesc stropite cu ceapă primăvară.

Supă de vită și frunze chinezești

Server 4

200g/7oz carne de vită slabă, tăiată fâșii
15 ml/1 lingura sos de soia
15 ml/1 lingură ulei de arahide.
1,5 L/2½ puncte/6 căni de supă de vită
5 ml/1 lingurita de sare
2,5 ml/½ linguriță de zahăr
½ cap frunză chinezească, tăiată în bucăți

Se amestecă carnea de vită cu sosul de soia și uleiul și se lasă la marinat timp de 30 de minute, amestecând din când în când. Fierbeți bulionul cu sare și zahăr, adăugați frunzele chinezești și fierbeți până aproape gata în aproximativ 10 minute. Adăugați carnea de vită și fierbeți încă 5 minute.

Supă de varză

Server 4

60 ml/4 linguri ulei de arahide.

2 cepe, tocate

100 g/4 oz carne de porc slabă, tăiată fâșii

225g/8oz varză chinezească, mărunțită

10 ml/2 lingurițe de zahăr

1,2 l / 2 puncte / 5 căni de supă de pui

45 ml/3 linguri sos de soia

sare piper

15 ml/1 lingură făină de porumb (amidon de porumb)

Se încălzește uleiul și se prăjește ușor ceapa și carnea de porc. Se adauga varza si zaharul si se prajesc 5 minute. Se adauga bulionul si sosul de soia, apoi se condimenteaza cu sare si piper. Se aduce la fierbere, se acopera și se fierbe la foc mic timp de 20 de minute. Se amestecă făina de porumb cu puțină apă, se amestecă în supă și se fierbe, amestecând, până când supa se îngroașă și se limpezește.

Supa picanta de vita

Server 4

45 ml/3 linguri ulei de arahide.

1 cățel de usturoi, zdrobit

5 ml/1 lingurita de sare

225 g/8 oz carne de vită măcinată

6 ceapa primavara (ceapa), taiata fasii

1 ardei rosu taiat fasii

1 ardei verde, tăiat fâșii

225 g/8 oz varză, mărunțită

1 L/1¾ pct/4¼ cani supa de vita

30 ml/2 linguri sos de prune

30 ml/2 linguri sos hoisin

45 ml/3 linguri sos de soia

2 tulpini de ghimbir, tocate

2 oua

5 ml/1 lingurita ulei de susan

225 g/8 oz paste translucide, înmuiate

Încinge uleiul și prăjește ușor usturoiul și sarea. Adăugați carnea de vită și prăjiți repede. Adăugați legumele și gătiți până devin translucide. Se adauga bulion, sos de prune, sos hoisin, 30 ml/2 linguri de sos de soia și ghimbir, fierbeți și fierbeți timp de 10 minute. Bateți ouăle cu uleiul de susan și restul de sos de soia. Adăugați supa cu pastele și gătiți, amestecând, până se formează fire din ou și pastele sunt moi.

Supa cerească

Server 4

2 cepe primare (ceapa), tocate marunt

1 cățel de usturoi, zdrobit

30 ml/2 linguri pătrunjel proaspăt tocat

5 ml/1 lingurita de sare

15 ml/1 lingură ulei de arahide.

30 ml/2 linguri sos de soia

1,5 L/2½ puncte/6 căni de apă

Amestecați ceapa, usturoiul, pătrunjelul, sarea, uleiul și sosul de soia. Se fierbe apa, se toarna peste ea amestecul de ceapa primavara si se lasa sa stea 3 minute.

Supă de pui și muguri de bambus

Server 4

2 pulpe de pui
30 ml/2 linguri ulei de arahide.
5 ml/1 lingurita vin de orez sau sherry uscat
1,5 l / 2½ puncte / 6 căni de supă de pui
3 cepe de primăvară, tăiate felii
100 g/4 oz muguri de bambus, tăiați în bucăți
5 ml/1 lingurita radacina de ghimbir tocata marunt
sare

Dezosați puiul și tăiați carnea în cuburi. Încinge uleiul și prăjește puiul până se rumenește pe toate părțile. Adăugați bulionul, ceaiul verde, lăstarii de bambus și ghimbirul, aduceți la fiert și fierbeți timp de aproximativ 20 de minute până când puiul este fraged. Asezonați cu sare înainte de servire.

Supă de pui și porumb

Server 4

1 L/1¾ pt/4¼ cani supa de pui
100 g/4 oz pui, tocat
200 g/7 oz cremă de porumb dulce
felie de șuncă, tăiată în bucăți mici
ou, bătut
15 ml/1 lingura vin de orez sau sherry uscat

Aduceți bulionul și puiul la fiert, acoperiți și fierbeți timp de 15 minute. Adăugați porumbul și șunca, acoperiți și fierbeți timp de 5 minute. Adaugam oul si sherry, amestecam incet cu un bat, astfel incat ouale sa formeze sfori. Inainte de servire se ia de pe foc, se acopera si se lasa sa stea 3 minute.

Supă de pui și ghimbir

Server 4

4 ciuperci chinezești uscate
1,5 l/2½ pt/6 dl apă sau supă de pui
225g/8oz pui, tăiat cubulețe
10 felii de rădăcină de ghimbir
5 ml/1 lingurita vin de orez sau sherry uscat
sare

Înmuiați ciupercile în apă caldă timp de 30 de minute, apoi filtrați. Aruncați tulpinile. Aduceți apa sau bulionul la fiert cu restul ingredientelor și fierbeți timp de aproximativ 20 de minute până când puiul este fraged.

Supă de pui cu ciuperci chinezești

Server 4

25 g/1 oz de ciuperci chinezești uscate
100 g/4 oz pui, tocat
50g/2oz muguri de bambus, tocați
30 ml/2 linguri sos de soia
30 ml/2 linguri vin de orez sau sherry uscat
1,2 l / 2 puncte / 5 căni de supă de pui

Înmuiați ciupercile în apă caldă timp de 30 de minute, apoi filtrați. Aruncați tulpinile și tăiați capacele. Se albesc ciupercile, puiul și lăstarul de bambus în apă clocotită timp de 30 de secunde, apoi se scurg. Pune-le intr-un castron si amesteca cu sosul de soia si vinul sau sherry, se lasa la marinat 1 ora. Se fierbe bulionul, se adauga amestecul de pui si marinada. Se amestecă bine și se fierbe câteva minute până când puiul este fraged.

Supă de pui şi orez

Server 4

1 L/1¾ pt/4¼ cani supa de pui
225 g/8 oz/1 cană de orez cu bob lung gătit
100 g pui fiert tăiat fâşii
1 ceapă, tăiată cubuleţe
5 ml/1 lingurita sos de soia

Încinge toate ingredientele cu grijă, fără a fierbe supa.

Supă de pui și nucă de cocos

Server 4

350g/12oz piept de pui

sare

10 ml/2 lingurițe de făină de porumb (amidon de porumb)

30 ml/2 linguri ulei de arahide.

1 ardei iute verde, tocat

1 L/1¾ pt/4¼ cani lapte de cocos

5 ml/1 linguriță coajă de lămâie rasă

12 litchi

un praf de nucsoara rasa

sare si piper proaspat macinat

2 frunze de lemongrass

Tăiați pieptul de pui în fâșii în diagonală peste bob. Se presara cu sare si se presara cu faina de porumb. Se încălzește 10 ml/2 lingurițe de ulei într-un wok, se întoarce și se toarnă. Repetați încă o dată. Încinge uleiul rămas și prăjește puiul și chiliul timp de 1 minut. Adăugați laptele de cocos și aduceți la fierbere. Adăugați coaja de lămâie și fierbeți timp de 5 minute. Adauga litchiul, asezoneaza cu nucsoara, sare si piper si serveste garnisit cu lemongrass.

Supă de scoici

Server 4

2 ciuperci chinezești uscate
12 scoici, înmuiate și spălate
1,5 l / 2½ puncte / 6 căni de supă de pui
50g/2oz muguri de bambus, tocați
50g/2oz mangetout (mazăre de zăpadă), tăiată la jumătate
2 cepe de primăvară (cepe), tăiate rondele
15 ml/1 lingura vin de orez sau sherry uscat
praf de piper proaspat macinat

Înmuiați ciupercile în apă caldă timp de 30 de minute, apoi filtrați. Aruncați tulpinile și aruncați capacele. Coicile se fierb la abur aproximativ 5 minute până se deschid; aruncați tot ce rămâne închis. Scoateți scoicile din coajă. Aduceți bulionul la fierbere și adăugați ciupercile, lăstarii de bambus, mangetoul și ceapa primăvară. Se fierbe neacoperit timp de 2 minute. Adăugați scoici, vin sau sherry și piper și fierbeți până se încălzesc.

Supă de ouă

Server 4

1,2 l / 2 puncte / 5 căni de supă de pui
3 oua, batute
45 ml/3 linguri sos de soia
sare si piper proaspat macinat
4 cepe primare (ceapa), taiate felii

Se fierbe bulionul. Bateți treptat ouăle bătute, astfel încât acestea să devină strunoase. Se amestecă sosul de soia și se condimentează cu sare și piper. Se servesc ornat cu ceapa primavara.

Ciodă de crabi și scoici

Server 4

4 ciuperci chinezești uscate
15 ml/1 lingură ulei de arahide.
1 ou, batut
1,5 l / 2½ puncte / 6 căni de supă de pui
175 g/6 oz carne de crab, fulgi
100 g/4 oz scoici decojite, feliate
100g/4oz muguri de bambus, feliați
2 cepe primare (ceapa), tocate marunt
1 felie radacina de ghimbir, tocata
câțiva creveți fierți și curățați (opțional)
45 ml/3 linguri faina de porumb (amidon de porumb)
90 ml/6 linguri de apă
30 ml/2 linguri vin de orez sau sherry uscat
20 ml/4 lingurite sos de soia
2 albusuri

Înmuiați ciupercile în apă caldă timp de 30 de minute, apoi filtrați. Aruncați tulpinile și tăiați capacele subțiri. Se încălzește uleiul, se adaugă oul și se înclină tigaia astfel încât oul să acopere fundul. Gatiti pana atunci apoi întoarceți-l și gătiți și cealaltă parte. Scoateți din formă, rulați și tăiați în fâșii subțiri.

Aduceți bulionul la fiert, adăugați ciupercile, fâșiile de ouă, carnea de crab, scoici, lăstarii de bambus, ceai, ghimbir și creveți, dacă folosiți. Să-l fierbem înapoi. Amestecați făina de porumb cu 60 ml/4 linguri de apă, vinul sau sherry și sosul de soia, apoi amestecați în supă. Se amestecă și se fierbe până când supa se îngroașă. Albusurile se bat spuma cu apa ramasa si le arunca incet in supa, amestecand energic.

Supă de crabi

Server 4

90 ml/6 linguri ulei de arahide.
3 cepe, tocate
225 g/8 oz carne de crab albă și maro
1 felie radacina de ghimbir, tocata
1,2 l / 2 puncte / 5 căni de supă de pui
150 ml/¼ pt/cană vin de orez sau sherry uscat
45 ml/3 linguri sos de soia
sare si piper proaspat macinat

Se incinge uleiul si se caleste ceapa pana se inmoaie, dar nu se rumeneste. Adăugați carnea de crab și ghimbirul și prăjiți timp de 5 minute. Adăugați bulionul, vinul sau sherry și sosul de soia, asezonați cu sare și piper. Se aduce la fierbere și se fierbe timp de 5 minute.

Ciorba de peste

Server 4

225 g/8 oz file de peşte
1 felie radacina de ghimbir, tocata
15 ml/1 lingura vin de orez sau sherry uscat
30 ml/2 linguri ulei de arahide.
1,5 L/2½ pt/6 cesti supa de peste

Tăiați peștele în fâșii subțiri în raport cu ochii. Amestecați ghimbirul, vinul sau sherry și uleiul, adăugați peștele și amestecați ușor. Se lasă la marinat 30 de minute, întorcându-le din când în când. Aduceți bulionul la fiert, adăugați peștele și fierbeți la foc mic timp de 3 minute.

Supă de pește și salată

Server 4

225 g/8 oz file de pește alb
30 ml/2 linguri de făină simplă (universală).
sare si piper proaspat macinat
90 ml/6 linguri ulei de arahide.
6 ceapa primavara (ceapa), taiata felii
100g/4oz salată verde, tocată
1,2 L/2 puncte/5 căni de apă
10 ml/2 lingurițe rădăcină de ghimbir tocată mărunt
150 ml/¼ pt/generoasă ½ cană vin de orez sau sherry uscat
30 ml/2 linguri faina de porumb (amidon de porumb)
30 ml/2 linguri pătrunjel proaspăt tocat
10 ml/2 lingurițe suc de lămâie
30 ml/2 linguri sos de soia

Tăiați peștele fâșii subțiri, apoi adăugați făina condimentată. Se încălzește uleiul și se prăjește ceapa primăvară până se înmoaie. Adăugați salata și prăjiți timp de 2 minute. Adăugați peștele și gătiți timp de 4 minute. Adăugați apă, ghimbir și vin sau sherry, aduceți la fierbere, acoperiți și fierbeți timp de 5 minute. Amestecați făina de porumb cu puțină apă și amestecați-o în supă. Se fierbe, amestecand, inca 4 minute, pana cand supa se ingroasa

se filtrează și se condimentează cu sare și piper. Se serveste stropita cu patrunjel, suc de lamaie si sos de soia.

Supă de ghimbir cu găluște

Server 4

5 cm/2 bucăți de rădăcină de ghimbir, rasă
350 g/12 oz zahăr brun
1,5 L/2½ puncte/7 căni de apă
225 g/8 oz/2 căni de făină de orez
2,5 ml/½ linguriță de sare
60 ml/4 linguri de apă

Puneti ghimbirul, zaharul si apa intr-o cratita si aduceti la fiert in timp ce amestecati. Acoperiți și fierbeți timp de aproximativ 20 de minute. Strecurați supa și puneți-o înapoi în oală.

Între timp, într-un castron puneți făina și sarea, apoi frământați apa puțin câte puțin într-un aluat gros. Rulați în bile mici și puneți găluștele în supă. Aduceți supa la fierbere, acoperiți și fierbeți încă 6 minute până când găluștele sunt fierte.

Supă fierbinte și acră

Server 4

8 ciuperci chinezești uscate
1 L/1¾ pt/4¼ cani supa de pui
100 g pui tăiat fâșii
100 g/4 oz muguri de bambus, tăiați în fâșii
100 g/4 oz tofu, tăiat fâșii
15 ml/1 lingura sos de soia
30 ml/2 linguri de otet de vin
30 ml/2 linguri faina de porumb (amidon de porumb)
2 oua, batute
câteva picături de ulei de susan

Înmuiați ciupercile în apă caldă timp de 30 de minute, apoi filtrați. Aruncați tulpinile și tăiați capacele în fâșii. Aduceți ciupercile, bulionul, puiul, lăstarii de bambus și tofu la fierbere, acoperiți și fierbeți timp de 10 minute. Amestecați sosul de soia, oțetul de vin și făina de porumb până la omogenizare, amestecați în supă și fierbeți timp de 2 minute până când supa devine transparentă. Adaugam incet oul si uleiul de susan si amestecam cu un bat. Acoperiți și lăsați să stea 2 minute înainte de servire.

Supa de ciuperci

Server 4

15 ciuperci chinezești uscate
1,5 l / 2½ puncte / 6 căni de supă de pui
5 ml/1 lingurita de sare

Înmuiați ciupercile în apă caldă timp de 30 de minute, apoi scurgeți lichidul. Aruncați tulpinile și tăiați capacele în jumătate dacă sunt mari și puneți-le într-un castron mare rezistent la căldură. Pune vasul pe un gratar într-un cuptor cu abur. Aduceți bulionul la fiert, turnați-l peste ciuperci, apoi acoperiți și fierbeți peste apă ușor clocotită timp de 1 oră. Se condimentează cu sare și se servește.

Supă de ciuperci și varză

Server 4

25 g/1 oz de ciuperci chinezești uscate

15 ml/1 lingură ulei de arahide.

50g/2oz frunze de China, tocate

15 ml/1 lingura vin de orez sau sherry uscat

15 ml/1 lingura sos de soia

1,2 L/2 puncte/5 căni de supă de pui sau legume

sare si piper proaspat macinat

5 ml/1 lingurita ulei de susan

Înmuiați ciupercile în apă caldă timp de 30 de minute, apoi filtrați. Aruncați tulpinile și tăiați capacele. Încinge uleiul și prăjește ciupercile și frunzele chinezești timp de 2 minute până se îmbracă bine. Se amestecă vinul sau sherry și sosul de soia, apoi se adaugă bulionul. Se aduce la fierbere, se condimentează cu sare și piper și se fierbe timp de 5 minute. Stropiți cu ulei de susan înainte de servire.

Supă de picături de ou de ciuperci

Server 4

1 L/1¾ pt/4¼ cani supa de pui

30 ml/2 linguri faina de porumb (amidon de porumb)

100 g de ciuperci, feliate

1 felie de ceapa, tocata marunt

vârf de cuțit de sare

3 picături de ulei de susan

2,5 ml/½ linguriță sos de soia

1 ou, batut

Se amestecă puțin bulion cu mălai, apoi se amestecă toate ingredientele, cu excepția oului. Aduceți la fierbere, acoperiți și fierbeți timp de 5 minute. Se amestecă cu o betisă și se adaugă oul, astfel încât oul să se transforme în șiruri. Se ia de pe foc si se lasa sa stea 2 minute inainte de servire.

Ciorba de castane cu ciuperci si apa

Server 4

1 L/1¾ pt/4¼ cani supa de legume sau apa

2 cepe, tocate

5 ml/1 lingurita vin de orez sau sherry uscat

30 ml/2 linguri sos de soia

225 g de ciuperci

100 g castane de apă, feliate

100g/4oz muguri de bambus, feliați

câteva picături de ulei de susan

2 frunze de salata verde, taiate bucatele

2 cepe primare (cepe), tocate fin

Aduceți apa, ceapa, vinul sau sherry și sosul de soia la fiert, acoperiți și fierbeți timp de 10 minute. Adăugați ciupercile, castanele de apă și lăstarii de bambus, acoperiți și fierbeți timp de 5 minute. Se amestecă uleiul de susan, frunzele de salată verde și ceapa primăvară, se ia de pe foc, se acopera și se lasă să stea 1 minut înainte de servire.

Supă de porc și ciuperci

Server 4

60 ml/4 linguri ulei de arahide.
1 cățel de usturoi, zdrobit
2 cepe, feliate
225g/8oz carne de porc slabă, tăiată fâșii
1 tulpină de țelină, tocată
50g/2oz ciuperci, feliate
2 morcovi, feliați
1,2 L/2 puncte/5 căni de supă de vită
15 ml/1 lingura sos de soia
sare si piper proaspat macinat
15 ml/1 lingură făină de porumb (amidon de porumb)

Se încălzește uleiul și se prăjește usturoiul, ceapa și carnea de porc până când ceapa este moale și ușor rumenită. Adăugați țelina, ciupercile și morcovii, acoperiți și fierbeți timp de 10 minute. Aduceți bulionul la fiert, apoi adăugați-l în tigaia cu sosul de soia, asezonați cu sare și piper. Se amestecă făina de porumb cu puțină apă, apoi se amestecă în tigaie și se fierbe timp de aproximativ 5 minute, amestecând.

Ciorba de porc si nasturel

Server 4

1,5 l / 2½ puncte / 6 căni de supă de pui
100 g/4 oz carne de porc slabă, tăiată fâşii
3 tulpini de telina, feliate
2 cepe primare (ceapa), taiate felii
1 buchet de nasturel
5 ml/1 lingurita de sare

Fierbeți bulionul, adăugați carnea de porc și țelina, acoperiți și fierbeți timp de 15 minute. Adaugati ceapa primavara, nasturelul si sarea, apoi fierbeti neacoperit aproximativ 4 minute.

Supă de porc și castraveți

Server 4

100 g/4 oz carne de porc slabă, feliată subțire

5 ml/1 lingurita faina de porumb (amidon de porumb)

15 ml/1 lingura sos de soia

15 ml/1 lingura vin de orez sau sherry uscat

1 castravete

1,5 l / 2½ puncte / 6 căni de supă de pui

5 ml/1 lingurita de sare

Amestecați carnea de porc, mălaiul, sosul de soia și vinul sau sherry. Se amestecă pentru a acoperi carnea de porc. Curățați castraveții și tăiați-l în jumătate pe lungime, îndepărtați semințele. Tăiați-o gros. Fierbeți bulionul, adăugați carnea de porc, acoperiți și fierbeți timp de 10 minute. Se amestecă castravetele și se călesc câteva minute până devine translucid. Se adauga sarea si se mai adauga putin sos de soia daca doriti.

Supă cu bile de porc și tăiței

Server 4

50 g/2 oz tăiței de orez

225 g carne de porc tocata (tocata).

5 ml/1 lingurita faina de porumb (amidon de porumb)

2,5 ml/½ linguriță de sare

30 ml/2 linguri de apă

1,5 l / 2½ puncte / 6 căni de supă de pui

1 ceapa primavara (ceapa), tocata marunt

5 ml/1 lingurita sos de soia

Puneti aluatul in apa rece pana faceti chiftelele. Amestecați carnea de porc, mălaiul, puțină sare și apă și formați biluțe de mărimea nucilor. Se fierbe o oală cu apă, se adaugă biluțele de porc, se acoperă și se fierbe timp de 5 minute. Scurgeți bine și scurgeți pastele. Fierbeți bulionul, adăugați biluțele de porc și pastele, acoperiți și fierbeți timp de 5 minute. Adaugati ceapa, sosul de soia si sarea ramasa si mai caliti inca 2 minute.

Supă de spanac și tofu

Server 4

1,2 l / 2 puncte / 5 căni de supă de pui

200g/7oz roșii conservate, scurse și tocate

225 g/8 oz tofu, tăiat cubulețe

225g/8oz spanac, tocat

30 ml/2 linguri sos de soia

5 ml/1 lingurita de zahar brun

sare si piper proaspat macinat

Aduceți bulionul la fierbere, apoi adăugați roșiile, tofu și spanacul și amestecați ușor. Aduceți din nou la fiert și fierbeți timp de 5 minute. Adaugati sosul de soia si zaharul si asezonati cu sare si piper. Se fierbe timp de 1 minut înainte de servire.

Supă cu porumb dulce și crab

Server 4

1,2 l / 2 puncte / 5 căni de supă de pui
200 g/7 oz porumb dulce
sare si piper proaspat macinat
1 ou, batut
200 g/7 oz carne de crab, fulgi
3 salote, tocate marunt

Aduceți bulionul la fiert, adăugați porumb dulce cu sare și piper după gust. Se fierbe 5 minute. Chiar înainte de servire, turnați ouăle cu o furculiță și amestecați-le deasupra supei. Se serveste presarata cu carne de crab si salota tocata.

Supă de Szechuan

Server 4

4 ciuperci chinezești uscate

1,5 l / 2½ puncte / 6 căni de supă de pui

75 ml/5 linguri de vin alb sec

15 ml/1 lingura sos de soia

2,5 ml/½ linguriță sos chili

30 ml/2 linguri faina de porumb (amidon de porumb)

60 ml/4 linguri de apă

100 g/4 oz carne de porc slabă, tăiată fâșii

50 g sunca fiarta, taiata fasii

1 ardei rosu taiat fasii

50g/2oz castane de apă, feliate

10 ml/2 lingurite otet de vin

5 ml/1 lingurita ulei de susan

1 ou, batut

100 g/4 oz creveți decojiți

6 ceapa primavara (ceapa), tocata marunt

175 g/6 oz tofu, tăiat cubulețe

Înmuiați ciupercile în apă caldă timp de 30 de minute, apoi filtrați. Aruncați tulpinile și tăiați capacele. Aduceți bulion, vin, soia

sos și sos chili, aduceți la fierbere, acoperiți și fierbeți timp de 5 minute. Se amestecă făina de porumb cu jumătate din apă și se amestecă în supă, amestecând până când supa se îngroașă. Adăugați ciupercile, carnea de porc, șunca, ardeiul și castanele de apă și fierbeți timp de 5 minute. Se adauga otetul de vin si uleiul de susan, apoi se bate oul cu apa ramasa si se arunca in supa amestecand energic. Adaugati crevetii, ceapa si tofu si sotiti cateva minute pentru a se incalzi.

Supă de tofu

Server 4

1,5 l / 2½ puncte / 6 căni de supă de pui
225 g/8 oz tofu, tăiat cubulețe
5 ml/1 lingurita de sare
5 ml/1 lingurita sos de soia

Se fierbe bulionul si se adauga tofu, sarea si sosul de soia. Fierbeți câteva minute până când tofu este încălzit.

Supă de tofu și pește

Server 4

225g/8oz file de pește alb, tăiat fâșii
150 ml/¼ pt/generoasă ½ cană vin de orez sau sherry uscat
10 ml/2 lingurițe rădăcină de ghimbir tocată mărunt
45 ml/3 linguri sos de soia
2,5 ml/½ linguriță de sare
60 ml/4 linguri ulei de arahide.
2 cepe, tocate
100 g de ciuperci, feliate
1,2 l / 2 puncte / 5 căni de supă de pui
100 g/4 oz tofu, tăiat cubulețe
sare si piper proaspat macinat

Puneți peștele într-un castron. Amestecați vinul sau sherry, ghimbirul, sosul de soia și sarea și turnați peste pește. Se lasa la marinat 30 de minute. Încinge uleiul și prăjește ceapa timp de 2 minute. Adăugați ciupercile și continuați să fierbeți până când ceapa este moale, dar nu se rumenește. Adăugați peștele și marinata, aduceți la fierbere, acoperiți și fierbeți timp de 5 minute. Adăugați bulion, aduceți din nou la fierbere, acoperiți și fierbeți timp de 15 minute. Adauga tofu si asezoneaza cu sare si piper. Se fierbe până când tofu este gătit.

Supă de roșii

Server 4

400g/14oz conserve de roșii, scurse și tocate
1,2 l / 2 puncte / 5 căni de supă de pui
1 felie radacina de ghimbir, tocata
15 ml/1 lingura sos de soia
15 ml/1 lingură sos de fasole chili
10 ml/2 lingurițe de zahăr

Puneți toate ingredientele într-o tigaie și aduceți la fierbere încet, amestecând din când în când. Se fierbe aproximativ 10 minute înainte de servire.

Supă de roșii-spanac

Server 4

1,2 l / 2 puncte / 5 căni de supă de pui

225 g/8 oz roșii tocate

225 g/8 oz tofu, tăiat cubulețe

225 g/8 oz spanac

30 ml/2 linguri sos de soia

sare si piper proaspat macinat

2,5 ml/½ linguriță de zahăr

2,5 ml/½ linguriță vin de orez sau sherry uscat

Aduceți bulionul la fierbere, apoi adăugați roșiile, tofu și spanacul și fierbeți timp de 2 minute. Adăugați celelalte ingrediente, fierbeți timp de 2 minute, amestecați bine și serviți.

Supă de morcovi

Server 4

1 L/1¾ pt/4¼ cani supa de pui
1 nap mare, feliat subțire
200g/7oz carne de porc slabă, feliată subțire
15 ml/1 lingura sos de soia
60 ml/4 linguri de coniac
sare si piper proaspat macinat
4 salote, tocate marunt

Aduceți bulionul la fiert, adăugați napii și carnea de porc, acoperiți și fierbeți timp de 20 de minute până când napii sunt moi și carnea este fragedă. Se amestecă sosul de soia și țuica după gust. Se prăjește fierbinte, stropită cu eșalotă, până este gata de servire.

Supa de legume

Server 4

6 ciuperci chinezești uscate
1 L/1¾ pt/4¼ cani supa de legume
50g/2oz muguri de bambus, tăiați în fâșii
50g/2oz castane de apă, feliate
8 mangetout (mazăre de zăpadă), feliate
5 ml/1 lingurita sos de soia

Înmuiați ciupercile în apă caldă timp de 30 de minute, apoi filtrați. Aruncați tulpinile și tăiați capacele în fâșii. Se adaugă la lăstarul de bambus și la apă supa de castane, apoi se aduce la fierbere, se acoperă și se fierbe timp de 10 minute. Adăugați mangeout și sosul de soia, acoperiți și fierbeți timp de 2 minute. Se lasa sa stea 2 minute inainte de servire.

Supă vegetariană

Server 4

¼ varză albă

2 morcovi

3 tulpini de telina

2 ceapa primavara (ceapa)

30 ml/2 linguri ulei de arahide.

1,5 L/2½ puncte/6 căni de apă

15 ml/1 lingura sos de soia

15 ml/1 lingura vin de orez sau sherry uscat

5 ml/1 lingurita de sare

piper proaspăt măcinat

Tăiați legumele fâșii. Încinge uleiul și prăjește legumele timp de 2 minute până încep să se înmoaie. Adăugați celelalte ingrediente, aduceți la fierbere, acoperiți și fierbeți timp de 15 minute.

Supa de nasturel

Server 4

1 L/1¾ pt/4¼ cani supa de pui
1 ceapa, tocata marunt
1 tulpină de țelină, tocată
225 g de nasturel, tocat grosier
sare si piper proaspat macinat

Fierbeți bulionul, ceapa și țelina, acoperiți și fierbeți timp de 15 minute. Adăugați nasturel, acoperiți și fierbeți timp de 5 minute. Se adauga sare si piper dupa gust.

Pește prăjit cu legume

Server 4

4 ciuperci chinezești uscate

4 pești întregi, curățați și solziți

ulei pentru prăjire adâncă

30 ml/2 linguri faina de porumb (amidon de porumb)

45 ml/3 linguri ulei de arahide.

100 g/4 oz muguri de bambus, tăiați în fâșii

50 g castane de apă, tăiate fâșii

50g varză chinezească, tocată

2 felii de rădăcină de ghimbir, tocate

30 ml/2 linguri vin de orez sau sherry uscat

30 ml/2 linguri de apă

15 ml/1 lingura sos de soia

5 ml/1 lingurita de zahar

120 ml/4 fl oz/¬Ω cană suc de pește

sare si piper proaspat macinat

¬Ω salată, tocată

15 ml/1 lingura patrunjel plat tocat

Înmuiați ciupercile în apă caldă timp de 30 de minute, apoi filtrați. Aruncați tulpinile și tăiați capacele. Tăiați peștele în jumătate

făină de porumb și scuturați excesul. Încinge uleiul și prăjește peștele aproximativ 12 minute până se înmoaie. Se scurge pe hartie de bucatarie si se tine la cald.

Se incinge uleiul si se prajesc ciupercile, lastarii de bambus, castanele de apa si varza timp de 3 minute. Adăugați ghimbirul, vinul sau sherry, 15 ml/1 lingură apă, sosul de soia și zahărul și amestecați timp de 1 minut. Adăugați bulion, sare și piper, aduceți la fiert, acoperiți și fierbeți timp de 3 minute. Se amestecă făina de porumb cu apa rămasă, se amestecă în tigaie și se fierbe, amestecând, până se îngroașă sosul. Aranjați salata pe o farfurie și puneți peștele pe ea. Se toarna peste legume si sosul si se serveste ornat cu patrunjel.

Pește întreg prăjit

Server 4

1 biban mare sau pește similar
45 ml/3 linguri faina de porumb (amidon de porumb)
45 ml/3 linguri ulei de arahide.
1 ceapa, tocata
2 catei de usturoi, macinati
50g/2oz șuncă, tăiată fâșii
100 g/4 oz creveți decojiți
15 ml/1 lingura sos de soia
15 ml/1 lingura vin de orez sau sherry uscat
5 ml/1 lingurita de zahar
5 ml/1 lingurita de sare

Ungeți peștele cu făină de porumb. Se incinge uleiul si se caleste usor ceapa si usturoiul. Adăugați peștele și prăjiți până se rumenește pe ambele părți. Puneți peștele într-o bucată de folie într-o tavă de copt și acoperiți cu șuncă și creveți. Adăugați în tigaie sosul de soia, vinul sau sherry, zahărul și sarea și amestecați bine. Se toarnă peste pește, se acoperă cu folie și se coace în cuptorul preîncălzit la 150¬∞C/300¬∞F/2 timp de 20 de minute.

Pește de soia la abur

Server 4

1 biban mare sau pește similar

sare

50 g/2 oz/½ cană făină simplă (universală).

60 ml/4 linguri ulei de arahide.

3 felii de rădăcină de ghimbir, tocate

3 ceapa primavara (ceapa), tocata marunt

250 ml/8 fl oz/1 cană apă

45 ml/3 linguri sos de soia

15 ml/1 lingura vin de orez sau sherry uscat

2,5 ml/½ lingurita de zahar

Curăță și scaldă peștele și tăiem diagonal pe ambele părți. Se presară cu sare și se lasă să stea 10 minute. Se încălzește uleiul și se prăjește peștele până se rumenește pe ambele părți, se întoarce o dată și se stropește cu ulei în timp ce se prăjește. Adăugați ghimbirul, ceapa primăvară, apa, sosul de soia, vinul sau sherry și zahărul, aduceți la fiert, acoperiți și fierbeți timp de 20 de minute până când peștele este fraged. Serviți cald sau rece.

Pește de soia cu sos de stridii

Server 4

1 biban mare sau pește similar

sare

60 ml/4 linguri ulei de arahide.

3 ceapa primavara (ceapa), tocata marunt

2 felii de rădăcină de ghimbir, tocate

1 cățel de usturoi, zdrobit

45 ml/3 linguri sos de stridii

30 ml/2 linguri sos de soia

5 ml/1 lingurita de zahar

250 ml/8 fl oz/1 cană sos de pește

Curățați și tăiați peștele, și înghesuiți ambele părți în diagonală de câteva ori. Se presară cu sare și se lasă să stea 10 minute. Încinge cea mai mare parte din ulei și prăjește peștele până se rumenește pe ambele părți, întorcându-l o dată. Între timp, încălziți uleiul rămas într-o tigaie separată și prăjiți ceapa primăvară, ghimbirul și usturoiul până se rumenesc ușor. Adăugați sosul de stridii, sosul de soia și zahărul și prăjiți timp de 1 minut. Adăugați bulion și aduceți la fierbere. Se toarnă amestecul peste peștele prăjit, se aduce la fierbere, se acoperă și se lasă cca

Coaceți timp de 15 minute până când peștele este gătit, întorcându-se o dată sau de două ori în timpul gătitului.

Bas aburit

Server 4

1 biban mare sau pește similar
2,25 l/4 puncte/10 căni de apă
3 felii de rădăcină de ghimbir, tocate
15 ml/1 lingura de sare
15 ml/1 lingura vin de orez sau sherry uscat
30 ml/2 linguri ulei de arahide.

Peștele este curățat și solzis, iar ambele părți sunt tăiate în diagonală de mai multe ori. Fierbe apa intr-o oala mare si adauga restul ingredientelor. Se scufundă peștele în apă, se acoperă ermetic, se oprește focul și se lasă să stea 30 de minute până când peștele este fraged.

Pește la abur cu ciuperci

Server 4

4 ciuperci chinezești uscate
1 crap mare sau pește similar
sare
45 ml/3 linguri ulei de arahide.
2 cepe primare (ceapa), tocate marunt
1 felie radacina de ghimbir, tocata
3 catei de usturoi, macinati
100 g/4 oz muguri de bambus, tăiați în fâșii
250 ml/8 fl oz/1 cană sos de pește
30 ml/2 linguri sos de soia
15 ml/1 lingura vin de orez sau sherry uscat
2,5 ml/¬Ω lingurita de zahar

Înmuiați ciupercile în apă caldă timp de 30 de minute, apoi filtrați. Aruncați tulpinile și tăiați capacele. Tăiați peștele în diagonală de câteva ori pe ambele părți, stropiți cu sare și lăsați să stea 10 minute. Încinge uleiul și prăjește peștele până se rumenește ușor pe ambele părți. Adaugati ceapa, ghimbirul si usturoiul si gatiti 2 minute. Adăugați celelalte ingrediente, aduceți la fierbere, acoperiți și fierbeți timp de 15 minute până când peștele este gătit, întorcându-se o dată sau de două ori și amestecând din când în când.

Pește dulce și acru

Server 4

1 biban mare sau pește similar
1 ou, batut
50 g/2 oz făină de porumb (amidon de porumb)
ulei pentru prajit

Pentru sos:

15 ml/1 lingură ulei de arahide.
1 ardei verde, tăiat fâșii
100 g/4 oz bucăți de ananas conservate în sirop
1 ceapă, tăiată cubulețe
100 g/4 oz/¬Ω cană de zahăr brun
60 ml/4 linguri supa de pui
60 ml/4 linguri de otet de vin
15 ml/1 lingură pastă de tomate (paste)
15 ml/1 lingură făină de porumb (amidon de porumb)
15 ml/1 lingura sos de soia
3 ceapa primavara (ceapa), tocata marunt

Curățați peștele și îndepărtați aripioarele și capul, dacă doriți. Ungeți cu ou bătut și apoi cu mălai. Încinge uleiul și prăjește peștele până este gata. Se scurge bine si se tine la cald.

Pentru a pregăti sosul, se încălzește uleiul și se prăjește ardeiul, ananasul scurs și ceapa timp de 4 minute. Adăugați 30 ml/2 linguri de sirop de ananas, zahăr, bulion, oțet de vin, pasta de roșii, mălai și sos de soia, apoi aduceți la fiert în timp ce amestecați. Se fierbe, amestecând, până când sosul este transparent și se îngroașă. Se toarna peste peste si se serveste presarat cu ceapa primavara.

Pește umplut cu carne de porc

Server 4

1 crap mare sau pește similar

sare

100 g carne de porc tocată (măcinată).

1 ceapa primavara (ceapa), tocata marunt

4 felii rădăcină de ghimbir, tocate

15 ml/1 lingură făină de porumb (amidon de porumb)

60 ml/4 linguri sos de soia

15 ml/1 lingura vin de orez sau sherry uscat

5 ml/1 lingurita de zahar

75 ml/5 linguri ulei de arahide.

2 catei de usturoi, macinati

1 ceapă, feliată

300 ml/¬Ω pt/1¬° cană de apă

Pestele se curata, se scara si se stropeste cu sare. Amestecați carnea de porc, ceaiul verde, niște ghimbir, făina de porumb, 15 ml/1 lingură sos de soia, vinul sau sherry și zahărul și folosiți pentru a umple peștele. Se încălzește uleiul și se prăjește peștele până se rumenește ușor pe ambele părți, se scoate din tigaie și se scurge mare parte din ulei. Adăugați usturoiul și ghimbirul rămas și prăjiți până se rumenește ușor.

Adăugați sosul de soia rămas și apă, aduceți la fiert și fierbeți timp de 2 minute. Întoarceți peștele în tigaie, acoperiți și fierbeți timp de aproximativ 30 de minute până când peștele este gătit, întorcându-l o dată sau de două ori.

Crap picant la abur

Server 4

1 crap mare sau pește similar
150 ml/¬° pt/generoasă ¬Ω cană ulei de arahide (ulei de arahide)
15 ml/1 lingura de zahar
2 catei de usturoi, tocati marunt
100g/4oz muguri de bambus, feliați
150 ml/¬° pt/generoasă ¬Ω cană suc de pește
15 ml/1 lingura vin de orez sau sherry uscat
15 ml/1 lingura sos de soia
2 cepe primare (ceapa), tocate marunt
1 felie radacina de ghimbir, tocata
15 ml/1 lingură sare de oțet de vin

Peștele este curățat, solzis și înmuiat în apă rece timp de câteva ore. Scurgeți și uscați, apoi faceți mai multe tăieturi pe ambele părți. Se încălzește uleiul și se prăjește peștele pe ambele părți. Scoateți din tigaie și scurgeți, cu excepția a 30 ml/2 linguri de ulei. Adăugați zahărul în tigaie și amestecați până se întunecă. Adăugați usturoiul și lăstarii de bambus și amestecați bine. Adăugați restul ingredientelor, aduceți la fierbere, apoi puneți peștele înapoi în tigaie, acoperiți și fierbeți timp de aproximativ 15 minute până când peștele este gătit.

Puneți peștele pe o farfurie încălzită și turnați peste el sosul.

Carne de vită cu sos de stridii

Server 4

15 ml/1 lingură ulei de arahide.
2 catei de usturoi, macinati
450g/1lb friptură de muschi, feliată
100 g de ciuperci
15 ml/1 lingura vin de orez sau sherry uscat
150 ml/¬° pt/generoasa ¬Ω cana supa de pui
30 ml/2 linguri sos de stridii
5 ml/1 lingurita de zahar brun
sare si piper proaspat macinat
4 cepe primare (ceapa), taiate felii
15 ml/1 lingură făină de porumb (amidon de porumb)

Încinge uleiul și prăjește ușor usturoiul. Adăugați friptura și ciupercile și gătiți până se rumenesc ușor. Adăugați vin sau sherry și gătiți timp de 2 minute. Se adauga bulionul, sosul de stridii si zaharul, apoi se condimenteaza cu sare si piper. Aduceți la fiert și gătiți timp de 4 minute, amestecând din când în când. Adăugați ceapa primăvară. Amestecați făina de porumb cu puțină apă și amestecați-o în tigaie. Se fierbe, amestecând, până când sosul este transparent și se îngroașă.

Carne de vită cu piper

Server 4

350 g/12 oz carne slabă de vită, tăiată fâșii
75 ml/5 linguri sos de soia
75 ml/5 linguri ulei de arahide.
5 ml/1 lingurita faina de porumb (amidon de porumb)
75 ml/5 linguri de apă
2 cepe, feliate
5 ml/1 lingurita sos de stridii
piper proaspăt măcinat
coș de paste

Marinați carnea de vită cu sos de soia, 15 ml/1 lingură ulei, mălai și apă timp de 1 oră. Scoateți carnea din marinată și scurgeți bine. Se încălzește uleiul rămas și se prăjește carnea de vită și ceapa până se rumenesc ușor. Adauga marinata si sosul de stridii si asezoneaza generos cu piper. Aduceți la fierbere, acoperiți și fierbeți timp de 5 minute, amestecând din când în când. Serviți cu un coș de paste.

Friptura de piper

Server 4

45 ml/3 linguri ulei de arahide.

5 ml/1 lingurita de sare

2 catei de usturoi, macinati

450g/1lb friptură de muschi, feliată subțire

1 ceapă, tăiată cubulețe

2 ardei verzi, tocați grosier

120 ml/4 fl oz/¬Ω cană bulion de vită

5 ml/1 lingurita de zahar brun

5 ml/1 lingurita vin de orez sau sherry uscat

sare si piper proaspat macinat

30 ml/2 linguri faina de porumb (amidon de porumb)

30 ml/2 linguri sos de soia

Se incinge uleiul cu sarea si usturoiul pana se rumeneste usor usturoiul, apoi se adauga friptura si se prajeste pana se inroseste pe toate partile. Adăugați ceapa și ardeiul și prăjiți timp de 2 minute. Adăugați bulionul, zahărul, vinul sau sherry, apoi condimentați cu sare și piper. Aduceți la fierbere, acoperiți și fierbeți timp de 5 minute. Amestecați făina de porumb și sosul de soia împreună, apoi amestecați în sos. Amestecați și fierbeți sosul până când sosul este limpede și gros, adăugând puțină apă dacă este necesar pentru a aduce sosul la consistența dorită.

www.ingramcontent.com/pod-product-compliance
Lightning Source LLC
Chambersburg PA
CBHW071237080526
44587CB00013BA/1655